Anselm Grün

Wie wir leben – wie wir leben könnten

Anselm Grün

Wie wir leben – wie wir leben könnten

Haltungen, die die Welt verwandeln

HERDER

FREIBURG · BASEL · WIEN

Herausgegeben von Rudolf Walter

MIX
Papier aus verantwortungsvollen Quellen
FSC® C083411
FSC
www.fsc.org

www.herder.de
Satz: Barbara Herrmann, Freiburg
Herstellung: CPI books GmbH, Leck

Printed in Germany

ISBN 978-3-451-31594-7

Inhalt

Einleitung

Jede Zeit ist von einem anderen Lebensgefühl geprägt. Heute werden uns viele Lebensweisen vor Augen geführt und angeboten. Es gibt schier unzählige Möglichkeiten und Optionen, aus denen wir wählen können und zwischen denen wir uns entscheiden müssen. Und viele Menschen werden ratlos angesichts der vielen Angebote, die ihnen präsentiert werden. Ich möchte jedoch kein Ratgeberbuch schreiben, wie Einzelne mit dieser Situation umgehen sollen; sondern ich werde einfach Haltungen beschreiben, die uns einladen, auf gute Weise zu leben. Dabei geht es immer auch darum, zu beschreiben, wie Menschen heute leben. Aber dann gilt es auch, Wegweiser aufzustellen, die uns einen Weg zeigen, wie wir leben könnten, wie es auch möglich wäre, zu leben. Und vielleicht finden Sie, lieber Leser, liebe Leserin, manche Wegweiser, die Ihnen eine Richtung angeben, in die Sie sich gerne aufmachen möchten.

Mit diesem Buch möchte ich niemand zu einer bestimmten Lebensweise drängen. Ich werde einfach verschiedene Haltungen beschreiben, wie sie uns die Vergangenheit überliefert hat, die abendländische Philosophie, die Bibel, die christliche Tradition und die spirituellen Autoren früherer Jahrhunderte. Es sind Haltungen, die zwar nicht neu sind, die aber den Vorzug haben, dass in früheren Zeiten Menschen sie schon konkret ausprobiert und gelebt haben. All diese gelebten Haltungen wollen uns einladen, selber die Haltungen zu suchen, die uns auch heute guttun, die uns mitten in der Haltlosigkeit und Unübersichtlichkeit unserer Zeit Halt verleihen und Orientierung geben.

Auch wenn es um das moderne Leben geht, so lohnt es sich doch, in die Vergangenheit zu schauen. Denn vor uns haben schon unzählige Menschen darüber nachgedacht, was gutes Leben sein kann. Und sie haben Haltungen, Werte und Einstellungen gelebt, die ihr Leben lebenswert machten. Die vergangenen Zeiten haben unter ganz unterschiedlichen Voraussetzungen jeweils verschiedene Typen von Menschen gefördert und daher auch jeweils andere Perspektiven in den Vordergrund gerückt. Indem wir die Menschen der Vergangenheit anschauen, werden wir eingeladen, uns heute für die Haltungen zu entscheiden, die uns spontan ansprechen und von denen wir das Gefühl haben, dass sie uns heute helfen, gut und sinnerfüllt zu leben.

Es geht um Haltungen, die uns Halt geben. Gerade in unserer Zeit, da so vieles auf uns einströmt und uns von so vielen Seiten eingeredet wird, wie wir leben sollten, brauchen wir einen Halt in der Unsicherheit. Die Haltungen, die ich in diesem Buch beschreibe, wollen uns Halt geben. Aber das Wort Halt kann auch einen negativen Beiklang haben: Wir wollen uns an etwas festhalten. Wir wollen stehen bleiben. Wir klammern uns fest an der Haltung. Doch der Sinn der Haltungen, die ich beschreibe, ist nicht, dass wir uns an uns selbst festklammern und uns gegen das

Leben sträuben. Vielmehr wollen die Haltungen, indem wir sie ausprobieren, unser Leben verwandeln. Sie sind Modelle, die uns in eine gute Form hineinbringen möchten. Sie beschreiben Entwürfe des menschlichen Lebens, eine Gestalt, in die wir hineinwachsen können. In der Künstlersprache bedeutet „Modell stehen", dass jemand sich zur Verfügung stellt, damit der Künstler ihn malt oder ihn in einer Statue darstellt. Der Mann, die Frau, die Modell steht, wird in ein ausdrucksstarkes Bild oder in eine schöne Statue verwandelt. Die „Modelle", die ich in den Haltungen beschreibe, wollen ins Leben verwandelt werden. Lebenskunst bedeutet, selbst der Künstler, der Gestaltgeber des eigenen Lebens zu sein, also sein Leben zu verwandeln. Der Begriff der Verwandlung ist mir wichtig. Ich setze ihn in Gegensatz zum Begriff der Veränderung, der heute so modern geworden ist.

Change management heißt ein modernes Zauberwort. Viele Firmen erleben eine Umstrukturierung nach der anderen. Nicht selten bleibt manches Wertvolle dabei auf der Strecke. Und auch viele Menschen sind ständig am Sich-selbst-Umstrukturieren und am Verändern. Viele Ratgeberbücher wollen uns einreden, dass das Verändern ganz schnell geht. In Rio de Janeiro fand ich in der Buchhandlung am Flughafen ein amerikanisches Buch: „Wie wir uns in sieben Tagen vollständig verändern können". Ein solches Buch wird nur Frustration hervorrufen. Denn es ist unsinnig, zu meinen, wir könnten uns in sieben Tagen völlig verändern. Wer einem solchen Versprechen glaubt, wird möglicherweise zunächst euphorisch daran gehen, sich umzukrempeln. Doch nach kurzer Zeit wird er enttäuscht sein und sich Schuldgefühle machen, dass er es nicht richtig angefasst hat. Ich kenne Menschen, die sich seit Jahrzehnten ständig verändern wollen. Doch sie bleiben immer die Gleichen. Vor lauter verschiedenen Änderungsmethoden ändert sich gar nichts. Der Grund ist: Verändern ist etwas Aggressives. Ich kämpfe gegen mich. Da steht der Gedanke im Hintergrund: So, wie ich bin, bin ich nicht gut. Ich muss ein ganz anderer Mensch werden. Alles an mir und in mir muss anders werden. Doch je mehr ich gegen mich kämpfe, desto stärker wird die Gegenkraft, die sich in mir gegen die Veränderungsprozesse zu Wort meldet. Das deutsche Wort „anderer" ist ursprünglich ein Zahlwort. Wir sprechen noch vom einen oder anderen Wort. Der „andere" meint den „Zweiten". Wenn wir ein anderer werden wollen, werden wir letztlich ein zweiter Mensch. Wir werden zweite Wahl. Vor lauter Drang, uns ständig verändern zu wollen, haben wir den negativen Beigeschmack vergessen, den die Sprache mit dem Wort „ander" letztlich verbindet. Wir sollen nicht ein anderer, ein zweiter Mensch werden, sondern der einmalige und einzigartige Mensch, zu dem uns Gott ausgedacht und gebildet hat.

Die Antwort, die aus der christlichen Tradition kommt, lautet: Verwandeln. Verwandeln ist wesentlich sanfter als Verändern. Verwandeln heißt: Alles darf sein. Ich würdige mich so, wie ich geworden bin. Aber ich bin noch nicht am Ziel. Ich bin noch nicht der, der ich von meinem Wesen her bin. Das Ziel der Verwandlung ist, ganz ich selbst zu werden. Theologisch ausgedrückt: Das Ziel der Verwandlung ist, dass das einmalige Bild, das Gott sich von mir gemacht hat, durch alles, was ich geworden bin, immer klarer hindurchstrahlt. Ich stülpe mir keine fremden Bilder über. Ich versuche, dieses einmalige Bild zu werden, das Gott mir zugedacht hat. Dieses Bild kann ich nicht mehr beschreiben. Aber wenn ich mich still hinsetze und in mir inneren Frieden spüre, darf ich darauf vertrauen, dass ich mit diesem Bild in Berührung bin. Das Urbild der Verwandlung ist die Verklärung Jesu am Berg Tabor. Da strahlt durch sein Gesicht ein helles Licht. Das, was Jesus *eigentlich* ist, wird in diesem Augenblick sichtbar. Seine Wahrheit, seine eigentliche Gestalt leuchtet durch all das Irdische hindurch. Es geht also in der Verwandlung darum, dass alles in uns klar wird, dass das, was unser Wesen trübt, gereinigt wird und in unserem Leib, in unserem Gesicht das Wesen durchscheint, das wir vom Innersten her sind.

Noch etwas ist wichtig bei dieser Sicht: Beim Verändern muss ich alles selbst tun. Bei der Verwandlung tut Gott das Entscheidende. Mein Tun besteht darin, dass ich alles, was in mir ist, Gott hinhalte. Gottes Liebe soll dann in die Tiefen meiner Seele, in meine Angst, in meine Verlassenheit, in meine Empfindlichkeit hineinströmen und sie verwandeln. Entscheidend ist mein Mut, alles in mir Gott hinzuhalten, es anzunehmen und vor mir selbst einzugestehen.

Die Haltungen, die ich in diesem Buch beschreibe, zeigen aber noch einen anderen Weg der Verwandlung. Verwandlung kann auch geschehen, wenn ich etwas probiere. Ich möchte das am Beispiel einer biblischen Heilungsgeschichte (Joh 5,2–9) erklären. Jesus heilt den Gelähmten am Teich von Betesda, indem er ihn anschaut und anspricht: „Willst du gesund werden?“ Auf diese Frage antwortet der Kranke sehr ausweichend. Aber der Wille zur Verwandlung muss da sein. Von allein geschieht die Verwandlung nicht. Doch da der Kranke nicht von sich aus bereit ist, gesund zu werden, wendet Jesus eine andere Strategie an. Er sagt: „Steh auf, nimm dein Bett und geh!“ (Joh 5,8). Diese Strategie besteht für mich darin: Probier es einfach. Steh einfach auf und nimm dein Bett. Dann wirst du die Verwandlung erfahren, die an dir geschehen ist. Du wirst gehen können.

Die Haltungen, die ich im Folgenden beschreibe, entsprechen dieser zweiten Strategie: Ich probiere einfach mal Haltungen aus und beobachte, was sie in mir bewirken. Ich darf darauf vertrauen, dass die Haltungen in mir Verwandlung bewirken, aber auch in meiner Umgebung, dass auch die Welt durch meine Haltungen verwandelt wird. Man kann es auch in einem Bild ausdrücken: Wasser wird gewissermaßen in Strom verwandelt, wenn ich eine Staumauer baue, das Wasser anstaue und es dann durch die Turbine laufen lasse. Die Haltungen sind wie eine Staumauer, die das Wasser meines Unbewussten anhält, damit es in kraftvolles Leben verwandelt wird, in ein Leben, das fruchtbar wird für mich selbst und für andere.

Manche haben Angst, dass die Haltung, die sie einnehmen, nicht ihrem Wesen entspricht, dass sie sich in eine Haltung hineinzwängen oder sich eine Haltung überstülpen. Das ist nicht gemeint mit den Haltungen, die ich hier beschreibe. Es sind eben Modelle, die mein Leben so formen möchten, wie es meinem innersten Wesen entspricht. Es sind Verhaltensweisen, die ich ausprobiere, um das in mir wachzurufen, was Gott mir an Fähigkeiten und Möglichkeiten in meine Seele hineingelegt hat.

So wünsche ich den Lesern und Leserinnen, dass sie sich von den Beschreibungen dieses Buches inspirieren lassen, die Haltungen zu probieren, die ihnen in ihrer jetzigen Situation Halt gewähren. Und ich wünsche Ihnen, dass Sie dadurch Verwandlung erfahren und mehr und mehr wirklich zu dem oder der werden, der oder die Sie *eigentlich* sind, dass das einmalige Bild, das Gott sich von Ihnen gemacht hat, in Ihnen immer mehr aufscheint und auch für Ihre Umgebung aufstrahlt. Und ich wünsche Ihnen, dass Sie durch diese Haltungen und durch die Erfahrung innerer Verwandlung auch die Welt um sich herum verwandeln. Die Verwandlung werden Sie nicht sofort bemerken. Aber wenn Sie sich innerlich verwandeln lassen, werden Ihre Beziehungen zu den Menschen verwandelt. Und irgendwann merken Sie dann, dass auch die Welt um Sie herum sich gewandelt hat.

Achtsam

Über Achtsamkeit schreiben heute viele spirituelle Autoren, ganz gleich, ob sie christlicher,buddhistischer oder esoterischer Herkunft sind. Offensichtlich gibt es heute eine große Sehnsucht nach dieser Haltung. Und vielleicht ist diese Sehnsucht heute so groß, weil wir zu lange achtlos mit uns selbst und mit der Schöpfung umgegangen sind. Wir haben weder auf uns selbst noch auf die anderen genügend geachtet. Wir haben uns treiben lassen von dem, was man heute braucht oder tut, und haben zu wenig auf die eigene Seele geachtet.

Das deutsche Wort „achtsam" kommt von der indogermanischen Wurzel „ok", die „nachdenken, überlegen" bedeutet. Achtsam ist also der, der bei dem, was er tut, überlegt, was da eigentlich geschieht. Er lebt nicht gedankenlos, sondern bewusst. Es gibt Menschen, die sich in Gedanken von dem entfernen, was sie tun. Sie gehen spazieren, sind aber in Gedanken ganz woanders. Sie achten nicht auf den Weg, den sie gehen, oder auf die Schritte, die sie tun. Achtsamkeit würde bedeuten, dass ich ganz im Gehen bin. Ich nehme jeden Schritt wahr. Was heißt gehen? Ich berühre die Erde und gehe weiter. Ich bleibe nicht hängen. Gehen heißt: immer weiter gehen, sich nicht ausruhen auf dem Erreichten, sondern im Gehen sich wandeln. Wenn ich achtsam gehe, geht mir das Geheimnis des Gehens auf. Dann erfahre ich das Gehen als Gleichnis für mein Leben.

In unserem deutschen Wort „achten" steckt auch die Hochachtung, die Wertschätzung. Wenn ich achtsam mit den Dingen umgehe, dann achte ich sie auch, dann sind sie mir wertvoll. Achten hat mit wachen zu tun: Ich gehe wach mit den Dingen um. Ich bin bei dem, was ich berühre, was ich in die Hand nehme. Und ich habe ein Gespür, dass es wertvoll ist. Der hl. Benedikt ermahnt seine Mönche, achtsam mit dem Werkzeug und mit allen Dingen umzugehen. Ja, der Cellerar, der für das Wirtschaften zuständig ist, soll das ganze Gerät des Klosters wie heiliges Altargerät behandeln. Er soll ein Gespür dafür entwickeln, dass alles heilig ist, dass alles von Gottes Geist durchdrungen ist, dass alles Geschenk Gottes ist. Wer das Gerät wie heiliges Altargerät behandelt, der hat ein Gefühl für den wahren Wert der Dinge.

Achtsam sein meint: ganz im Augenblick sein. Wer ganz im Augenblick lebt, der kann ihn kosten und genießen, für den wird jeder Augenblick zur Erfahrung der Fülle des Lebens. Er braucht sich nur ins Gras zu legen, dann wird ihm das Paradies der Farben und Formen aufgehen. So rät es der buddhistische Mönch Thich Nhat Hanh seinen Schülern. Er meint: Wenn wir nicht glücklich sind, dann liegt das an der fehlenden Achtsamkeit. Wer etwa achtsam durch einen Herbstwald geht, dem wird das Wunder der Farben aufgehen, die der Herbst ihm vor Augen führt. Der Herbst ist ein Maler, den wohl kein menschlicher Maler zu übertreffen vermag. Der Achtsame nimmt die vielen Wunder wahr, die ihm der Wald bietet: Wenn ich durch den Steigerwald wandere, bin ich immer fasziniert von dem Spiel des Lichtes, das der Buchenwald inszeniert. Und ich staune immer wieder vor den hohen Buchen, die mir wie Säulen in einem gotischen Dom vorkommen. Ich gehe durch den Wald wie durch einen hohen Dom, andächtig. Ich spüre, das Geheimnis umgibt mich, die Weite, die Schönheit Gottes, die sich in der Schöpfung spiegelt. Für den Achtsamen braucht es keine weiten Reisen. Ein einfacher Spaziergang birgt alles in sich, wonach sich das Herz sehnt.

Wir können die Achtsamkeit konkret einüben, indem wir bewusst und achtsam die Dinge unseres Alltags in die Hand nehmen. Ich gehe behutsam mit meinem Kugelschreiber um, mit meinem PC, mit den Büchern, die ich lese. Ich verlasse achtsam mein Zimmer, nehme bewusst die Schwelle wahr, über die ich in neue Räume hineingehe. Ich spüre die frische Luft. Ich nehme die Sonnenstrahlen wahr, die mich wärmen. Ich bin in jedem Augenblick. Und ich bin in meinen Sinnen. Ich schaue, höre, rieche, betaste das, was ich in die Hand nehme. Es ist eine einfache Übung, achtsam mit allem umzugehen. Aber dieses konkrete Üben sammelt mich. Es bringt mich in Berührung mit den Dingen und mit mir selbst. Ich spüre mich auf neue Weise. Ich bin ganz gegenwärtig. Ich fühle mich lebendig.

Anbetend

Anbetung scheint auf den ersten Blick keine Haltung zu sein, die uns gut leben lässt. Der Begriff klingt für viele zu fromm. Anbetung bedeutet, dass ich etwas groß sein lasse. Wir haben heute eher die Tendenz, alles klein zu machen, damit wir uns groß fühlen. Wir wollen nichts Großes über uns gelten lassen. Wir neigen dazu, alles zu verzwecken, alles für uns zu besitzen. Ehrfürchtig vor etwas niederzufallen, das uns im Tiefsten berührt, das entspricht zwar der tiefen Sehnsucht des Menschen. Aber zugleich wehrt sich der heutige Mensch. Er möchte selber bestimmen. Er will aufrecht durchs Leben geben. Aber wahres Aufrechtsein erlebt nur der, der auch mal in die Knie gegangen ist.

Anbetung ist ein Urakt jeder Religion. Die Anbetung hat keine Absichten, auch nicht die, irgendetwas von Gott zu erbitten. In der Anbetung falle ich vor Gott nieder, weil Gott Gott ist. Ich will durch die Anbetung auch nichts erreichen, weder schöne Gefühle noch Gelassenheit und Ruhe. Ich spreche in der Anbetung nicht über meine Probleme. Ich falle einfach vor Gott nieder, weil er mein Herr ist, weil er mein Schöpfer ist. Da kreise ich nicht mehr um mich und meine Probleme, sondern versuche, allein auf meinen Gott zu schauen. Ich vergesse mich selbst, weil Er mich ganz und gar ergriffen hat, weil Er allein wichtig ist für mich. Das Paradox ist, dass ich im Vergessen meiner selbst ganz gegenwärtig werde, ganz echt, ganz ich selbst. Da beschäftigen mich keine Probleme, keine Menschen, da erfüllt Gott mich ganz und gar. In der Anbetung steckt auch eine tiefe Sehnsucht: endlich einmal frei zu sein von mir selbst, frei von dem ständigen Kreisen um mich, von der Sucht, alles auf mich zu beziehen, überall etwas für mich haben zu wollen. Indem ich mich vergesse, bin ich ganz frei, ganz von Gott ergriffen. Meine Probleme sind nicht mehr wichtig, meine Schuld nicht mehr, mein psychischer Zustand nicht. Nur Gott allein zählt. Georges Bernanos sagt einmal, es sei eine große Gnade, sich selbst anzunehmen. Wir wissen, dass wir dazu ein ganzes Leben brauchen. Aber die Gnade aller Gnaden, so sagt Bernanos weiter, ist, sich selbst vergessen zu können. Wenn ich mich selbst vergesse, bin ich ganz frei von mir.

Die Anbetung scheint nur die Beziehung zu Gott zu meinen. Doch als Sich-Vergessen geschieht sie auch, wenn ich einen Sonnenuntergang anschaue und einfach nur im Schauen bin. Ich bin berührt, ergriffen, vergesse mich selbst. Ich achte auch nicht auf meine Gefühle. Die Hinwendung zu den eigenen Gefühlen ist zwar legitim und oft genug auch wichtig. Doch wir dürfen sie nicht übertreiben. Es gibt auch die Sehnsucht, einfach loszukommen von dem Kreisen um mich, von den ständigen Fragen: Ist es gut für mich? Wie fühle ich mich? Eine Ursehnsucht ist in uns, uns einfach einmal zu vergessen und einfach niederzufallen vor etwas, das größer ist als wir selbst, ganz und gar berührt zu sein von Gott, von der Schönheit der Schöpfung, von der Schönheit eines Bildes, von der Schönheit eines Konzertes. Anbetung heißt: sich verbeugen vor etwas Größerem. Und dieses Größere begegnet uns nicht nur in Gott, sondern in allem, was schön und wahr und gut ist. Wenn uns wirklich etwas im Innersten ergreift, dann vergessen wir, über uns zu reflektieren. Wir sind einfach da. Und dieses ursprüngliche Sein, das wir in der Anbetung erahnen, ist letztlich eine tiefe Gotteserfahrung. Das reine Sein entspricht auch unserer tiefsten Sehnsucht. Wenn ich im Urlaub auf einer Bank sitze und einfach die schöne Landschaft betrachte, dann fühle ich ein tiefes Einssein mit allem. Ich bin in diesem Augenblick frei von dem Druck, irgendjemandem etwas von dieser Landschaft erzählen zu müssen, frei auch von dem Rechtfertigungsdruck, dass ich jetzt gerade nichts leiste, über nichts nachdenke, keine neuen Erkenntnisse entwickle. Ich bin einfach da. Das meint Anbetung: einfach vor Gott und in Gott da zu sein, aber in der Haltung des Niederfallens, der Andacht, die an nichts anderes denkt als an das, was sie betrachtet.

In einem solchen Gebet verblasst die oft so aufdringliche Nähe von Menschen, die etwas von mir wollen, oder die Nähe von Sorgen und Problemen, die mich bedrücken. Indem ich mich vergesse, komme ich zur Ruhe. Da hört der Lärm meiner Gedanken und Gefühle auf. Da bin ich endlich angekommen, da bin ich nach langem Suchen endlich daheim. Daheim sein kann man nur, wenn man vor dem Geheimnis niederfällt. Anbetung ist die Erfahrung von Heimat. Wenn wir vor dem Geheimnis Gottes niederfallen, sind wir wirklich angekommen. Dann wird es ruhig in unserer Seele, dann spüren wir, dass unsere tiefste Sehnsucht erfüllt ist, dass wir endlich etwas gefunden haben, vor dem wir uns verneigen können. Denn der Mensch sucht sein Leben lang nach dem, der alle seine Kräfte bindet und alle Sehnsüchte und Bedürfnisse erfüllt.

Die Anbetung geschieht nicht im Kopf, sondern mit dem ganzen Leib. Die Urgebärde der Anbetung ist die *prostratio*, in der sich der Mensch ganz und gar vor Gott niederwirft. Aber wir beten Gott auch an, wenn wir uns vor ihm verneigen oder wenn wir vor ihm sitzen und die offenen Hände ihm hinhalten. Auf jeden Fall drängt die Anbetung dazu, sich auch leibhaft auszudrücken. Alle Kräfte in uns wollen gebunden sein. Der Leib ist eine Hilfe, dass auch unser Geist zur Ruhe kommt, dass alles in uns in der Gebärde gesammelt und auf Gott hin ausgerichtet wird. Anbetung heißt, dass ich ganz und gar auf Gott bezogen bin, dass es in mir keine privaten Räume mehr gibt, in die ich mich zurückziehe, um meinen Tagträumen nachzuhängen, und in die ich niemanden eintreten lasse, auch Gott nicht. Die Kammern, die ich vor Gott verschließe, sind auch vor mir selbst verschlossen. Manche Christen leben mit vielen abgeschlossenen und verschlossenen Kammern. Ihr Leben ist reduziert, es spielt sich in wenigen Räumen ihres Leibes ab. Die Begegnung mit Gott in der Anbetung will alle Räume in mir aufschließen und überall den liebenden und belebenden Blick Gottes hineinlassen.

Die Anbetung scheint keine Haltung zu sein, die die Welt verändern könnte. Und doch ist gerade die Anbetung, in der ich mich selbst vergesse, auch der Ort, an dem ich die

Welt mit anderen Augen sehen kann. Das wird deutlich in der eucharistischen Anbetung, wie sie in der katholischen Tradition geübt wird. Wir schauen auf die Hostie, das verwandelte Brot, in dem wir Christus selber sehen. Indem wir auf die Hostie schauen, schauen wir mit neuen Augen auf die ganze Welt. Die ganze Welt ist durchdrungen von Christus. Das hat der französische Jesuit und Naturforscher Teilhard de Chardin einmal in wunderbarer Weise beschrieben. Als er in einer Dorfkirche auf die Hostie in der Monstranz schaut, hat er den Eindruck, „dass sich ihre Oberfläche ausweite wie ein Ölfleck, aber, wohlgemerkt, viel schneller und leichter. Am Anfang glaubte ich, der Einzige zu sein, der diesen Wandel wahrnahm; und mir schien, er schreite voran, ohne irgendein Verlangen zu wecken und ohne auf irgendein Hindernis zu stoßen. … So umhüllte mich, inmitten eines großen Seufzens, das an ein Erwachen oder an eine Klage denken ließ, der Strom von Weiße, er ging über mich hinaus und überflutete alle Dinge.“ Und Teilhard erkennt, wie das Licht der Hostie die ganze Welt durchdringt und sie mit der Liebe Jesu Christi erfüllt und verwandelt. Für ihn ist das stille und einsame Beten vor der verwandelten Hostie nichts Weltfremdes, im Gegenteil: Das Gebet verwandelt die Welt, es erweckt alles um uns herum zum Leben.

Die Anbetung als Urakt des Menschen prägt nicht nur unsere Beziehung zu Gott, sondern auch unsere Beziehung zu uns selbst, zu den Menschen und zur Welt. Es ist auch die Haltung des Seinlassens. Ich lasse Gott Gott sein, den Menschen Menschen und die Natur Natur. Ich verzichte darauf, alles zu bewerten oder zu verändern. Indem ich den Menschen sein lasse, wie er ist, erlaube ich ihm, zu wachsen, zu dem zu werden, der er von seinem Wesen her ist. Indem ich die Natur sein lasse, ermögliche ich es ihr, aufzublühen und für mich zum Segen zu werden. So ist die Anbetung eine Haltung, die wir gerade heute so nötig haben, wo wir alles verzwecken und alles der Tyrannei des Geldes ausliefern. Anbetung ist die Haltung der inneren Freiheit von uns selbst und von unserer Gier, alles für uns benutzen zu wollen. Wenn wir in dieser Haltung der inneren Freiheit den Menschen und der Schöpfung begegnen, werden wir sie nicht nur anders erleben. Wir werden auch erfahren, dass alles um uns herum aufblüht.

Aufrecht

Wenn wir von einem aufrechten Menschen sprechen, dann meinen wir einen, der aufrecht steht. Aufrecht ist das Gegenteil von gebeugt. Recht meint: richtig und geradlinig. Aufrecht stehen, das meint die Würde des Menschen. Daher nennt man den ersten Menschen auch „Homo erectus". Im Gegensatz zu den Affen bewegt er sich nur auf seinen Füßen und nicht auf seinen Händen. Er hat sich aufgerichtet. Dieses Aufrechtsein ermöglicht eine andere Weise der Begegnung.

Lukas erzählt uns die Geschichte von der gekrümmten Frau: „Ihr Rücken war verkrümmt, und sie konnte nicht mehr aufrecht gehen" (Lk 13,11). Jesus sieht sie an, schenkt ihr Ansehen. Er spricht mit ihr, und er sagt ihr Erlösung und Befreiung zu. Und er legt ihr die Hände auf. Durch diese Behandlung wird sie aufgerichtet: „Im gleichen Augenblick richtete sie sich auf und pries Gott" (Lk 13,13). Zu dieser Geschichte mache ich bei Kursen häufig eine Übung. Ich lasse die Leute zuerst aufrecht dastehen. Wenn ich aufrecht stehe, fühle ich mich wie ein Baum tief verwurzelt in der Erde. Aber ich entfalte auch wie der Baum meine Krone nach oben. In mir sind Himmel und Erde verbunden. Dann lade ich die Teilnehmer ein, sich zu bücken und mit gekrümmtem Rücken durch den Raum zu gehen.

Und dann richte ich einen Teilnehmer auf, indem ich ihm den Rücken zuerst streichle und dann mit Kraft drücke, die Wirbelsäule entlang. Dann richten sich die Menschen allmählich von selbst auf. Die Leute spüren den Unterschied zwischen gebeugt und aufrecht. Wenn ich gebeugt durch den Raum gehe, nehme ich die anderen nicht wahr, nur ihre Schuhe. Ich sehe kein Gesicht. Ich begegne niemandem. Und meine Stimmung wird nach unten gezogen. Denn der Atem geht flach. Nur wenn wir aufrecht gehen, können wir einander anschauen, zulächeln, begegnen. Und wir spüren unsere Würde und Freiheit. Aufrecht sein entspricht im Lukasevangelium der ursprünglichen Würde des Menschen. Jesus heilt die gekrümmte Frau am Sabbat. Er stellt sie in ihrer Würde wieder her, so, wie Gott sie am Anfang geschaffen hat.

Das Aufgerichtetwerden hat in den Evangelien aber immer auch mit Auferstehung zu tun. Als Jesus den jungen Mann heilt, der von einem Dämon auf den Boden geworfen worden war, drückt das Markus mit den Worten aus: „Jesus fasste ihn an der Hand und richtete ihn auf, und der Junge erhob sich“ (Mk 9,27). Im Griechischen stehen hier zwei Worte, die beide mit Auferweckung und Auferstehung zu tun haben. Das Aufrichten heißt: „egeiren“. Es kann beides bedeuten: „aufwecken“ und „aufrichten“. Der junge Mann liegt am Boden. Wenn wir schlafen, liegen wir meistens. Wir müssen aufgeweckt werden, damit wir dann aufstehen und uns aufrichten. Für das Aufstehen steht im Griechischen „aneste“ und im Lateinischen „surrexit“. Es sind die gleichen Worte, die die Bibel für die Auferstehung verwendet. Das aufrechte Stehen hat etwas mit Auferstehung zu tun. Jesus hat uns in seiner Auferstehung aufgeweckt und aufgerichtet, damit wir nun aufrecht durch das Leben gehen.

Wenn wir von einem aufrechten oder aufrichtigen Menschen sprechen, meinen wir noch etwas anderes: Der aufrechte Mensch hat auch Mut. Er stellt sich dem Leben. Er stellt sich den Problemen. Er bleibt aufrecht, auch wenn er kritisiert oder von anderen Menschen bekämpft wird. Er geht aufrecht auf seine Gegner zu, ohne Angst. Und er ist aufrichtig. Er ist richtig. Er ist ohne Falsch. Er ist gerecht. Ein solcher aufrechter und wahrhaftiger Mensch ist Natanael. Von ihm sagt Jesus: „Da kommt ein echter Israelit, ein Mann ohne Falschheit“ (Joh 1,47). Der aufrechte Mensch hat nichts zu verstecken. Er begegnet dem anderen so, wie er ist. Er stellt sich nicht über die anderen Menschen. Wir sagen von einem König, dass er aufrecht in den Raum kommt. Und indem er aufrecht den Raum betritt, fühlen sich alle wie Könige und richten sich unwillkürlich auf. Sie entdecken im Aufrichten ihre königliche Würde. Im Deutschen können wir aber auch von einem Menschen sagen, dass er hochnäsig sei. Das ist dann ein Mensch, der zwar aufrecht in den Raum geht, aber seine Nase hoch trägt und sich über alle anderen stellt. Wenn er in den Raum kommt, werden sich die Menschen eher ducken und sich schützen vor seiner Arroganz.

Wer aufrecht und aufrichtig ist, der ist für uns auch ehrlich. Aufrichtigkeit meint Ehrlichkeit. Wir spüren, dass wir gerne mit aufrechten und aufrichtigen Menschen umgehen.

Da wissen wir, wie wir dran sind. Der aufrichtige Mensch wird uns nicht betrügen. Auf ihn können wir uns verlassen. Und wir kommen mit unserer eigenen Würde in Berührung. Wir richten uns selbst auf und begegnen dem anderen aufrecht und aufrichtig. Solche Begegnungen sind immer ein Geschenk. Da wird der eine vom anderen beschenkt. Und beide gehen beglückt und von Neuem aufgerichtet in ihren Alltag zurück.

Noch etwas anderes ist mir an der Haltung des Aufrechten wichtig. Wer aufrecht und aufrichtig ist, wird auch durch eine Niederlage nicht gebeugt. Er geht auch als Verlierer erhobenen Hauptes aus der Schlacht. Das gilt nicht nur für den Wettkampf, sondern auch für das Leben. Auch wenn er krank wird, verliert er nicht sein Aufrechtsein. Auch wenn er seine Arbeitsstelle in der Firma verliert, wird er aufrecht nach Hause gehen. Aufrecht sein hat daher auch mit Tapferkeit zu tun. Der aufrechte Mensch ist tapfer. Er stellt sich dem Leben. Er versteckt sich nicht. Und er lässt sich durch Schicksalsschläge, durch Niederlagen, durch Verletzungen nicht beugen. Er bewahrt seine Würde. Er bleibt aufrecht.

Authentisch

„Nur du selbst zu sein in einer Welt, die immer – Tag und Nacht – ihr bestes versucht, dich zu jemand anderem zu machen, ist die härteste Schlacht, die ein Mensch kämpfen kann“, das sagt der amerikanische Dichter Edward E. Cummings. Es ist eine Umschreibung der Schwierigkeit, heute nicht konformistisch zu leben und den Erwartungen anderer zu entsprechen, sondern „ich selbst“, eben „authentisch“ zu sein. Das Wort „authentisch“ kommt aus dem Griechischen und meint: mit eigener Hand geschrieben. Ein Text ist authentisch, wenn er nicht abgeschrieben wird, sondern wenn der Autor seine eigenen Gedanken schreibt. Wir sprechen aber von Authentizität heute in der Regel im Blick auf eine Person. Eine Person ist authentisch, wenn das, was sie sagt, mit ihrem Tun übereinstimmt. Aber das ist nur eine äußere Beschreibung. Wir verstehen unter einem authentischen Menschen auch, dass seine Ausstrahlung stimmig ist, dass er uns als dieser einmalige Mensch begegnet. Das, was er sagt, das strahlt er auch aus.

Aus der Tugend der Authentizität ist jedoch – so meint der Psychotherapeut Hans Jellouschek – in manchen Partnerschaften eine „Tyrannei der Authentizität“ entstanden. Da poche ich auf meine Authentizität: Ich muss ganz ich selber sein. Ich darf mich nicht anpassen. Ich kann mich heute nicht auf deinen Vorschlag einlassen. Denn mein Gefühl sagt mir, dass das heute für mich nicht stimmig ist. Manche verabsolutieren ihre Authentizität. Doch das ist für mich eine falsch verstandene Authentizität. Weil ich nicht wirklich ich selbst bin, muss ich mein Ich verteidigen. Aber ich verwechsle mein Ich mit meinen Gefühlen. Ich bin nur dann ganz ich selbst, wenn ich auch in Distanz zu meinem momentanen Gefühl gehen kann. Ich lasse mich dann nicht vom Gefühl beherrschen, sondern bin frei ihm gegenüber. Ich schreibe dann – wie das Wort es ursprünglich meint – mit eigener Hand mein Leben. Ich lasse mich weder von Menschen noch von Gefühlen bestimmen.

Für mich hat authentisch sein noch eine andere Bedeutung. Wenn ich ganz ich selber bin, dann muss ich mich nicht beweisen, dann muss ich mich nicht rechtfertigen, und ich brauche weder mir noch anderen etwas vorzuweisen. Authentisch sein heißt: einfach da sein. Ich bin einfach. Reines Sein.

Ich erlebe viele Menschen, die nicht „einfach da sein" können. Wenn sie sich auf einer Bank beim Spaziergang ausruhen, dann müssen sie sich innerlich vor sich selbst rechtfertigen, dass sie jetzt eine Pause brauchen. Und sie müssen sich vor anderen rechtfertigen, dass sie sich den Spaziergang gegönnt haben. Sie brauchen dann viele Gründe, um sich einzureden, dass sie das Recht hätten, sich auch mal etwas zu gönnen. Aber sie sind nicht einfach da. Sie können das Ausruhen auf der Bank nicht genießen. Wenn ich einfach bin, ohne mich bewerten, beurteilen, rechtfertigen zu müssen, dann habe ich letztlich teil an Gott.

Denn Gott ist das reine Sein. Gott *ist* einfach. Und wenn ich einfach *bin*, ahne ich auch, wer Gott ist. Ich mache letztlich in diesem reinen Sein eine Gotteserfahrung.

Wenn ich authentisch bin, dann lösen sich alle Bilder auf, die mir andere übergestülpt haben. Ich bin dann frei von den Erwartungen, die andere an mich richten. Ich stehe nicht unter Druck, irgendwelche Erwartungen an mich zu erfüllen. Ich bin auch frei von den Bildern der Selbstentwertung: „Ich bin nicht richtig. Mit mir kann es niemand aushalten. Ich bin langweilig. Ich kann nichts besonders gut. Andere sind viel besser." Ich werde aber auch frei von den Bildern der Selbstüberschätzung, dass ich immer perfekt sein muss, immer gut drauf, cool, erfolgreich sein muss, dass ich alles im Griff haben und alles positiv sehen muss. Ich muss gar nichts. Ich bin einfach da. Das ist wohltuend. So ist Authentischsein für mich selbst eine spirituelle Erfahrung. Und nur wenn ich diese spirituelle Erfahrung mache, wirke ich auch auf andere Menschen authentisch. Ich stehe in der Begegnung mit anderen nicht unter Druck, mich besonders gut darstellen zu müssen. Ich bin einfach bei ihnen. Ich höre zu. Ich spreche, wenn es für mich stimmt. Aber ich muss keine Rolle spielen. Ich schreibe in völliger Freiheit den Text meines Lebens mit eigener Hand.

Barmherzig

In einer Biographie des Unternehmers Jeff Bezos, der den großen Internetversand Amazon gegründet hat, wird beschrieben, dass er für sein Unternehmen, das er schließlich nach dem längsten Fluss der Welt benannte, ursprünglich den Namen „relentless.com" vorgesehen hatte. „Relentless" heißt so viel wie „unbarmherzig, „unerbittlich" oder „gnadenlos". Angesprochen war damit die Absicht, extrem sparsam zu sein, hart und lange zu arbeiten, um durch möglichst günstige Preise möglichst viele Kunden zu gewinnen und die Konkurrenz aus dem Feld zu schlagen. Unbarmherzigkeit also als Weg zum Erfolg? Unsere Zeit scheint in der Tat von einem solchen Denken geprägt zu sein. In einer Welt der Konkurrenz macht sich Kälte breit, und der Raum menschlicher Verbundenheit wird enger. Das gilt nicht nur in der Wirtschaft, sondern auch in der Öffentlichkeit. Sobald jemand einen Fehler macht, fällt die ganze Gesellschaft unbarmherzig über ihn her. Die Medien berichten über den Fehler und den Menschen, der diesen Fehler begangen hat. Und dabei werden unbarmherzige Urteile gefällt. Diese Haltung wird nicht selten auch verinnerlicht. Viele Menschen gehen mit sich selbst unbarmherzig um. Sie können sich nicht verzeihen, wenn sie einen Fehler gemacht haben. Sie verurteilen sich unbarmherzig. Doch diese Einstellung macht sie hart und unzufrieden. Sie fühlen sich innerlich zerrissen. Und sie verlieren die Beziehung zu ihrem Herzen. Barmherzigkeit meint ja gerade: ein Herz zu haben für das Arme, für das Fehlerhafte, für das Verletzte und Verwaiste in mir. Solche Barmherzigkeit täte uns gerade heute gut. Sie würde unser Leben glücklicher machen. Und sie würde die Atmosphäre unserer Gesellschaft verwandeln.

Barmherzigkeit ist die Haltung, die Jesus sowohl im Matthäusevangelium als auch bei Lukas auszeichnet. Und es ist die Haltung, die Jesus von uns Menschen vor allem fordert. Barmherzigkeit ist die Form der Liebe, wie sie uns Jesus vorgelebt hat. Im Matthäusevangelium sind die zwei Stellen wichtig, an denen Jesus ein Wort aus dem Propheten Hosea zitiert: „Barmherzigkeit will ich, nicht Opfer" (Hos 6,6, zitiert Mt 9,13 und 12,7). In diesem Satz könnten wir auch ein Programm für den barmherzigen Umgang mit uns selbst und miteinander sehen. Jesus will keine Opfer. Er will nicht, dass wir uns selbst auf dem Altar der Pflicht opfern oder dass wir uns selbst zerstören, um Gott wohlgefällig zu stimmen. Und er will nicht, dass wir durch rigorose Forderungen an die Menschen sie gleichsam opfern. Wir sollen sie nicht durch Überforderung opfern, sondern ihnen Barmherzigkeit erweisen, so wie Jesus seine Barmherzigkeit den Zöllnern und Sündern erwiesen hat, mit denen er Mahl hält. Jesus begründet sein Mahl mit den Sündern mit diesem Wort aus dem Propheten Hosea.

An der zweiten Stelle (Mt 12,7) verteidigt Jesus mit dem Hosea-Wort das Verhalten seiner Jünger, die am Sabbat ihren Hunger stillen, indem sie Ähren abreißen. Für die Pharisäer ist das verboten. Das Sabbatgebot ist für sie wichtiger als die Stillung des Hungers. Jesus setzt dagegen die Barmherzigkeit. Wir sollen uns selbst gegenüber barmherzig sein, wir sind nicht gezwungen, uns innerlich zu versklaven unter Gesetze, die durchaus sinnvoll sind, die aber im konkreten Fall eine ungebührliche Härte darstellen. Gottes Güte in den Gaben zu erfahren ist Jesus wichtiger als die Einhaltung des Sabbatgebotes. Diese Forderung der Barmherzigkeit ist gerade heute für unsere Kirche eine Herausforderung, die gerade im Umgang mit Wiederverheirateten nicht die Barmherzigkeit in den Mittelpunkt stellt, sondern das Gesetz.

Im Lukasevangelium wird die Bergpredigt zusammengefasst in dem Satz: „Seid barmherzig, wie es auch euer Vater ist“ (Lk 6,36). Die Barmherzigkeit ist die eigentliche Haltung Gottes, die etwa im Vater des verlorenen Sohnes sichtbar wird. Wenn wir barmherzig sind, werden wir Gott ähnlich und haben teil an seiner Barmherzigkeit. Lukas verwendet hier das Wort „oiktirmon“. Es bezeichnet denjenigen, der Mitgefühl hat. Das ist die Haltung, die auch die Buddhisten so schätzen: Mitgefühl mit allen Menschen, Mitgefühl auch mit den Pflanzen und Tieren. Es ist ein Gefühl, das uns mit allen Geschöpfen im Innersten verbindet.

Die Bibel kennt noch andere Worte für Barmherzigkeit. Das AT spricht von „rachamim“ und meint damit die mütterliche Zuwendung zum anderen. Das Wort ist eigentlich der Plural von „rechem“, das „Mutterschoß“ heißt. Es bezeichnet also die mütterliche Haltung, die nicht bewertet, sondern den anderen sein lässt, wie er ist, die sein Wachsen fördert. Wir sollen mütterlich mit uns selbst umgehen, das verletzte Kind in uns mütterlich umarmen. Und wir sollen den inneren Richter in uns entmachten, der uns ständig verurteilt, weil wir nicht so perfekt sind, wie wir gerne sein möchten. Dann werde ich auch die anderen Menschen nicht ständig bewerten, sondern mütterlich mit ihnen umgehen, das Leben in ihnen fördern.

Der zweite Begriff heißt im Hebräischen „chesed“ und wird im Griechischen gewöhnlich mit „eleos“ übersetzt. Er meint nicht nur die Haltung der Barmherzigkeit, sondern schließt auch das Tun der Barmherzigkeit ein. Die christliche Tradition kennt die sieben Werke der Barmherzigkeit, wie: den Hungernden speisen, den Nackten bekleiden und den Obdachlosen aufnehmen. Im „eleos“ steckt auch die politische Dimension. Als Christen haben wir die Aufgabe, in unserer immer unbarmherziger werdenden Gesellschaft für den barmherzigen Umgang miteinander einzustehen. Heute wird ein Sündenbock nach dem anderen geschlachtet. Wir laden irgendeinem anderen unsere ganze Schuld auf und hauen so lange auf diesen Menschen ein, bis er unter dem unbarmherzigen Anklagen und Beschuldigen zusammenbricht. Da bräuchte es die biblische Haltung der Barmherzigkeit, die für einen barmherzigen Umgang in der Gesellschaft eintritt.

Der dritte Ausdruck für Barmherzigkeit, splagchnizesthai, kommt von „splagchnon“, „Eingeweide“. Die Eingeweide bezeichnen den Ort im Menschen, an dem die verwundbaren Gefühle liegen. Im NT wird dieses Wort nur bei den Synoptikern gebraucht, und zwar immer nur von Jesus selbst. Es charakterisiert die Göttlichkeit seines Tuns. Nur in den Gleichnissen wird das Wort „splagchnizesthai" auch auf das menschliche Verhalten angewandt. Aber da wird im Verhalten der Menschen letztlich immer Gottes Erbarmen beschrieben. Im Gleichnis vom barmherzigen Vater (Lk 15,20) wird das Sicherbarmen des Vaters dem Zürnen des älteren Bruders gegenübergestellt. Es sind Ausdrücke starker menschlicher Gefühlsempfindung. Gott erbarmt sich mit seinem ganzen Herzen des Menschen, der in die Irre gegangen ist. Auf unser Verhalten bezogen will das „splagchnizesthai" an unser Mitleid appellieren. Barmherzig gehe ich mit mir um, wenn ich mit mir fühle, wenn ich meine Kränkungen und Verletzungen fühle, wenn ich mit dem verletzten Kind in mir Mitleid habe, mich ihm öffne. Ich schaue auf meine Wunden nicht mit einem objektivierenden Blick, der alles erforschen will, sondern ich sehe alles, was in mir ist, mit dem mitfühlenden Blick des Herzens. Ich wüte nicht gegen mich, gegen meine Fehler und Schwächen, sondern ich fühle mit ihnen. Ich wende mich ihnen zu. Sie dürfen sein. Unter diesem liebenden Blick können sie sich wandeln. „Splagchnizesthai" meint auch, dass ich mich innerlich öffne für die Menschen, dass ich sie hineinlasse in den Raum meiner verwundbaren Gefühle. Und dort halte ich sie in die Barmherzigkeit Gottes hinein, damit ihre Wunden von Gottes Erbarmen geheilt werden.

Das deutsche Wort „Barmherzigkeit" meint, ein Herz für das Arme haben. „Arm" wird erst später im Sinn von

„besitzlos" verwendet. Im Ursprung heißt es aber „verwaist", „vereinsamt", „bemitleidenswert", „unglücklich". Barmherzig mit mir zu sein heißt daher, das eigene Herz nicht zu verschließen vor dem, was in mir unglücklich und einsam ist, vor dem Armen und Elenden in mir, vor dem Unglücklichen und Gescheiterten in mir, vor den Verlassenheitsgefühlen und vor dem Gefühl der Einsamkeit. Ich verschließe mein Herz nicht vor dem Bemitleidenswerten in mir, vor dem, was ich am liebsten übersehen und verdrängen möchte. Und ich habe ein Herz für die Armen in meiner Umgebung, für die, die an sich selbst leiden, die elend sind, in der Fremde, entfremdet, die die Beziehung zu sich selbst verloren haben. Wenn ich ein Herz für sie habe, können sie mit ihrem eigenen Herzen in Berührung kommen.

Jesus sagt uns immer wieder: Geht hin und lernt: Barmherzigkeit will ich, nicht Opfer. Es ist die typisch jüdische Lehrformel. Sie besagt, dass wir unser ganzes Leben lang in die Schule Jesu gehen sollen und immer wieder und in allen Lebenssituationen neu die Barmherzigkeit von Jesus selber lernen sollen. Dann werden wir dazu beitragen, dass unsere Umwelt und vielleicht auch langsam die ganze Gesellschaft barmherziger und menschlicher wird im Umgang miteinander.

Begeistert

Wir sind begeistert von einem Film, von einem Vortrag, von einer Landschaft. Wir sind begeistert von einem Menschen, der uns fasziniert. Wir kennen Menschen, die sprühen vor Begeisterung. Und wir kennen Menschen, die auf nichts wirklich reagieren. Sie bleiben ohne Emotionen. Und sie können sich auch nicht freuen.

„Begeistern" hat mit Geist zu tun. Das deutsche Wort Geist gehört zu einer Wurzel, die „erregt sein, aufgebracht sein, schaudern" bedeutet. Den Geist erfuhren die Germanen als etwas, was sie in Aufregung versetzt. Manchmal macht der Geist tatsächlich ja auch Angst. Wir sagen ja immer noch, es sei jemandem ein Geist erschienen, wenn wir ein Gespenst meinen. Doch unter dem Eindruck der Christianisierung wurde auch in der Kultur der Germanen der Geist positiver gesehen, nicht zuletzt durch die Verkündigung vom Heiligen Geist. Der Geist ist der edelste Teil des Menschen. Der Mensch ist Geist. Er kann in Freiheit denken.

Wir freuen uns, wenn ein Mensch seine Begeisterung zeigen kann. Wenn er begeistert reagiert auf das Fest, zu dem wir ihn eingeladen haben, dann steckt uns seine Begeisterung an. Und sie macht uns dankbar. Umgekehrt: Wenn Menschen auf alles nur „cool" reagieren, dann wissen wir nicht, wo wir mit ihnen dran sind. Und so ein cooler Mensch kann auch die Festbegeisterung der anderen trüben. Er verbreitet um sich herum eine Atmosphäre der Gleichgültigkeit. Man kann ihn mit nichts aus der Reserve locken. Begeisterung dagegen kann anstecken. Wenn jemand begeistert von seiner Bergwanderung berichtet, können wir uns mit ihm freuen. Wenn jemand begeistert von etwas erzählt, verbreitet er um sich eine Atmosphäre von Lebendigkeit und Mitgefühl.

Aber wir kennen auch die Gefahr der Begeisterung. Es gibt Menschen, die sich schnell begeistern lassen. Aber dann tragen sie nichts durch. Sie sind begeistert von diesem Buch oder von dieser Meditationsmethode. Doch nach einem Jahr wollen sie nichts mehr davon wissen. Jetzt lassen sie sich von etwas anderem begeistern. Aber auch das trägt nicht. Ich habe junge Mitbrüder erlebt, die beim Eintritt allzu begeistert vom Klosterleben waren. Alles war für sie wunderbar. Nach drei Jahren sind sie ausgetreten. Dann haben sie sich von einer jungen Frau begeistern lassen, und das war nun ihr Weg. Und sie haben ihn mit der gleichen Begeisterung geschildert wie zu Beginn ihr Klosterleben. Doch auch diese Beziehung hat dann oft nicht gehalten.

Jesus erzählt von solchen Menschen, die sich schnell begeistern lassen, in seinem Gleichnis vom Sämann. Da fällt ein Teil des Samens auf felsigen Boden. Jesus sagt: „Auf felsigen Boden ist der Samen bei dem gefallen, der das Wort hört und sofort freudig aufnimmt, aber keine Wurzeln hat, sondern unbeständig ist; sobald er um des Wortes willen bedrängt oder verfolgt wird, kommt er zu

Fall“ (Mt 13,20f). Es sind die Menschen, die sich auch religiös sehr schnell begeistern lassen. Aber sie haben keine Wurzeln. Das, wovon sie sich begeistern lassen, dringt nicht in ihre Tiefe ein, sondern nur in den emotionalen Bereich. Doch der allein trägt nicht.

Begeistern meint eigentlich: mit Geist erfüllen. Christen denken dabei an das Erfülltwerden mit dem Heiligen Geist. Als der Heilige Geist an Pfingsten über die Jünger kam, da konnten sie auf einmal in fremden Sprachen reden. Die Reaktion der Menschen schildert Lukas so: „Alle gerieten außer sich und waren ratlos. Die einen sagten: Was hat das zu bedeuten? Andere aber spotteten: Sie sind vom süßen Wein betrunken“ (Apg 2,12f). Petrus antwortet auf diese Reaktion, die Jünger seien nicht betrunken, vielmehr werde an ihnen die Verheißung Wirklichkeit, die Gott durch den Propheten Joel an uns alle gerichtet hat: „Ich werde von meinem Geist ausgießen über alles Fleisch“ (Apg 2,17 = Joel 3,1). Der Heilige Geist will auch den Alltag verwandeln. Die Begeisterung, das Erfülltsein durch den Heiligen Geist, zeigt sich erst, wenn wir auch den Alltag aus diesem Geist heraus gestalten.

Ohne Begeisterung wird das Leben fade. Es verliert seinen Geschmack. Die Begeisterung hebt uns immer wieder aus der Eintönigkeit des Alltags heraus. Wir brauchen solche Augenblicke der Begeisterung. Die Begeisterung ist dann wie eine Quelle, aus der wir schöpfen. Wir lassen uns antreiben von Augenblicken der Begeisterung, um unser Leben mit neuer Kraft, mit neuem Geist erfüllt leben zu können.

Beharrlich

Privat sehen wir es oft: das Zappen beim Fernsehprogramm, der Wechsel bei Beziehungen. Und auch im Beruf kennen wir das: Alles muss möglichst schnell gehen und sofort passieren. Wenn es schwierig wird – wir hüpfen einfach zu anderen Optionen. Wir haben schließlich Möglichkeiten genug. Warum diese Unruhe?

Die Tugend der Beharrlichkeit ist uns heute großenteils abhandengekommen. Es ist keine Haltung, die heute modern erscheint. Sie klingt zu sehr nach Anstrengung und nach Strenge, nach Pflicht und nach Müssen. Wir wollen spontan sein. Wir wollen uns nicht festlegen. Wir können ja nicht wissen, was uns das Leben noch alles zu bieten hat. Und da wollen wir lieber nichts versäumen, sondern alles mitnehmen, was zu haben ist.

Beharrlichkeit meint das Bleiben bei einer Sache, das beharrliche Durchstehen einer schwierigen Situation, aber auch das Aushalten und das geduldige Warten. Beharrlichkeit hängt mit Treue und Ausdauer zusammen. Beharrlichkeit als Tugend meint nicht das sture Beharren auf seinem Standpunkt, das krampfhafte Festhalten an seiner Meinung. In diesem Sinn kann das Wort „beharren" manchmal gebraucht werden, etwa wenn ich sage: „Ich beharre auf meinem Standpunkt, auf meinem Recht."

Beharrlichkeit heißt vielmehr: Ich bleibe bei einer Sache, etwa in meiner Arbeit. Ich hüpfe nicht von einem zum anderen. Ich bleibe bei der Arbeit, auch wenn sie viel Geduld erfordert. Ich bleibe auf meinem spirituellen Weg, auch wenn der mir momentan keine Befriedigung verschafft. Beharrlichkeit meint auch, dass ich in einer Beziehung bleibe, auch wenn es darin Konflikte und Schwierigkeiten gibt. Beharrlichkeit braucht der Lehrer, wenn er seine Schüler weiter unterrichtet, auch wenn manchmal kein Erfolg zu sehen ist. Beharrlichkeit brauchen die Seelsorger, wenn trotz aller Bemühungen immer weniger Menschen in den Sonntagsgottesdienst kommen. Die Beharrlichkeit ist immer mit der Hoffnung verbunden, dass sich durch das Aushalten und Ausharren etwas wandeln kann: in mir selbst, in der Beziehung zum anderen und in den anderen.

Die Bibel spricht oft von Beharrlichkeit. Sie gebraucht dabei das griechische Wort „hypomone“. Es ist gebildet aus „menein“ („bleiben“) und „hypo“ („unter“). Beharrlichkeit meint also das „Drunterbleiben“. Ich bleibe unter der Verpflichtung, die ich eingegangen bin. Ich bleibe aber auch unter dem, was auf mich einströmt von außen. In diesem Sinn wird „hypomone“ als Ausharren und Warten verstanden, aber zugleich auch als Aushalten und Standfestigkeit. Ich lasse mich durch die Krisen und Konflikte meines Lebens nicht aus der Bahn werfen

Jesus sagt dreimal das gleiche Wort: „Wer ausharrt bis zum Ende, der wird gerettet werden“ (Mk 13,13; Mt 10,22 und 24,13). Jesus spricht dieses Wort in die Konflikte hinein, in die seine Jünger geraten werden. Es sind einmal die Konflikte zwischen den Menschen, wenn einer gegen den anderen kämpft und ihn verleumdet. Dann braucht es die Beharrlichkeit und Standfestigkeit. Ich lasse mich nicht unterkriegen. Ich bleibe stehen, ich bleibe standfest. Ich halte aus, was auf mich einstürmt, in der Hoffnung, dass es vergeht. Wenn ich ausharre, so sagt Jesus, dann werde ich gerettet werden. Man kann das griechische Wort „sothesetai“ auch übersetzen: Dann wird mein Leben gelingen. Zum anderen spricht Jesus dieses Wort in die Bedrängnisse hinein, die den Christen in der Endzeit erwarten. In der sogenannten apokalyptischen Rede (Mt 24) spricht Jesus vom Ende der Welt. Da ist von Kriegen die Rede, von Hungersnöten und Erdbeben und von falschen Propheten, die auftreten. Diese Endzeit ist letztlich immer. Das Ende der Welt ist zeitlich nicht festzulegen. Immer ist für uns Endzeit, letzte Zeit. Denn diese Welt mit ihren Kräften kommt immer an ihr Ende. Sie ist begrenzt, nicht nur in der Zeit, sondern auch mit ihren Möglichkeiten. Aber umso mehr gilt: „Wer ausharrt bis zum Ende, der wird gerettet werden“ (Mt 24,13). Ausharren heißt hier: in der Gnade Jesu, in der Beziehung zu Jesus und zu Gott bleiben. Dann kann das Zusammenbrechen derWelt mir nichts anhaben. Wenn wir dieses Wort in unsere Situation hinein übersetzen, dann heißt es: Auch wenn manches um dich herum zerbricht, wenn du deine Arbeitsstelle verlierst, wenn deine Beziehung zu Bruch geht, wenn eine alte Freundschaft zerbricht, wenn deine Gesundheit brüchig wird: Du wirst daran nicht zerbrechen, wenn du in Gott deinen Grund hast.

Lukas übersetzt das Wort Jesu in eine etwas andere Sprache: „Wenn ihr standhaft bleibt, werdet ihr das Leben gewinnen“ (Lk 21,19). Lukas sagt hier: „En te hypomone hymon ktesasthe tas psychas hymon.“ Das heißt wörtlich: In eurer Beharrlichkeit, im Aushalten, im Standhalten werdet ihr eure Seelen gewinnen. Lukas spricht hier von Familienstreitigkeiten und vom Angeklagtwerden durch andere. Wenn ich bei all den Angriffen von außen in der Beharrlichkeit bleibe, dann gewinne ich meine Seele, dann komme ich in Berührung mit meiner Seele. Und zu meiner Seele, zum Grund meiner Seele haben die Angriffe keinen Zugang. Dahin können sie nicht vordringen.

Im Hebräerbrief steht ein Wort, um dessen Übersetzung sich die Exegeten streiten: „Eis paideian hypomenete“ (Hebr 12,7). Die Einheitsübersetzung lautet: „Haltet aus, wenn ihr gezüchtigt werdet.“ Die lateinische Übersetzung hat es anders verstanden: „In disciplina perseverate.“ („Haltet aus in der Disziplin, bleibt in der Disziplin.“) Ich verstehe das Wort so: „Harret aus zum Zweck der Erziehung.“ Wenn ich auch in Bedrängnissen ausharre, dann kann das zur Erziehung dienen. Ich werde herausgezogen aus Illusionen, als ob das Leben immer nur schön wäre. Ich werde hingezogen zu meinem wahren Wesen. Ausharren in schwierigen Situationen kann also meiner Erziehung dienen. Ich werde immer mehr zu dem hingezogen, der ich in Wahrheit bin.

Das Gegenteil von Beharrlichkeit ist die Ungeduld. Ich erlebe viele Menschen, die nicht warten, die nicht ausharren können, bis sich eine Lösung zeigt. Die Lösung muss sofort her. Hier und jetzt. Ärzte erzählen mir, dass manche Patienten so ungeduldig sind. Fieber möchten sie sofort loshaben. Auch in der Begleitung von Ehepaaren erlebe ich diesen Mangel an Beharrlichkeit. Es gibt in jeder Ehe Phasen, in denen die Gefühle der Liebe scheinbar abhandengekommen sind. Auch da gilt es, erst einmal auszuharren in der Hoffnung, dass die Partner durch die Erfahrung von Leere und Gleichgültigkeit hindurch wieder in Berührung kommen mit ihrer Sehnsucht nach Liebe und sich von ihrer Sehnsucht nach Liebe in den Grund ihrer Seele führen lassen, in dem die unerschöpfliche Quelle der Liebe strömt. Beharrlichkeit ist kein resignatives Bleiben in der Ehe, weil ich nicht den Mut zur Trennung habe. Vielmehr ist die Beharrlichkeit mit Geduld und zugleich mit der Hoffnung verbunden, dass die Partner auch die Durststrecken in ihrer Beziehung aushalten und so in eine tiefere Liebe hineinwachsen, in eine Liebe, die stärker ist als das Gefühl.

Bescheiden

Man spricht von „bescheidenem Erfolg“ wenn man etwas heruntermachen will. Ein maues Ergebnis schimpft man „bescheiden“. Im Wertekanon unserer Gesellschaft steht sie nicht weit oben: „Bescheidenheit ist eine Zier, doch weiter kommt man ohne ihr.“ So sagt sogar das Sprichwort (das des Reimes wegen nach „ohne“ sogar den Dativ statt des Akkusativs verwendet). Bescheidenheit wollen wir lieber bei anderen Menschen sehen als bei uns. Wir wollen nicht allzu bescheiden sein. Wir wollen uns etwas gönnen. Wir wollen uns darstellen. Auch die Medien fördern die eitle Selbstdarstellung. Selbst wenn man nichts darzustellen hat, weil man an seinem Leben vorbeigelebt hat, muss man das kaputte Leben darstellen, um sich von einem Publikum bestätigen zu lassen, dass man etwas Besonderes ist. Auch wenn man nur ein besonderer Verlierer ist.

Dabei definiert das Grimmsche Wörterbuch als „bescheiden“ „eine Sache, die – bei innerem Wert – sich als unscheinbar darstellt.“ Dahinter steckt also durchaus eine positive Einschätzung. Wenn wir von einem Menschen sagen, er sei bescheiden, dann ist das für uns in aller Regel ja ein Lob. Er stellt sich nicht als etwas Besonderes da. Er ist einfach ein Mensch. Er hat keine besonderen Ansprüche. Er ist nicht kompliziert. Er bläht sich nicht auf. Ursprünglich stammt das Wort „bescheiden“ aus der Rechtssprache: Der Richter gibt einen Bescheid. Er fällt ein Urteil und stellt es mir zu. Davon kommt dann das reflexive Wort „sich bescheiden“. Ich bin zufrieden mit dem, was der Richter mir zugeteilt hat. Ich begnüge mich mit dem, was mir von Rechts wegen zusteht. Doch das deutsche Wort „bescheiden“ hat sich dann sozusagen aus der Rechtssprache herausentwickelt. Es meint entweder eine Haltung in der Beziehung zu anderen Menschen oder aber eine Haltung zu Gott und letztlich dann auch eine Haltung zu mir selbst. Ich bin bescheiden, wenn ich mich nicht über andere stelle, wenn ich mich beim Warten einfach in die Reihe stelle. Ich bin bescheiden, wenn ich Ja sage zu dem, was mir Gott zugedacht hat. Ich gebe mich zufrieden mit den Fähigkeiten, die ich habe. Ich vergleiche mich nicht mit anderen. Ich stelle mich nicht über andere. Und ich bin bescheiden mir selbst gegenüber. Ich bin zufrieden mit dem, was ich bin. Ich mache nichts aus mir. Ich stelle mich nicht heraus. Ich gebe nicht an mit dem, was ich bin.

Bescheidene Menschen sind angenehme Menschen. Mit ihnen kann man gut zusammenleben. Ich gebe manchmal Kurse für Hotelangestellte. Die können ein Lied davon singen, wie unbescheiden manchmal Gäste sein können. Die stellen immer höhere Ansprüche an das Hotel und möchten den Service für möglichst wenig Geld haben. Sie sind nie zufrieden mit dem, was geboten wird. Sobald sie in ein Hotelzimmer kommen, fällt ihnen sofort auf, was sie eigentlich noch möchten, was sie mal in einem anderen Hotel als Service erlebt haben. Solche Gäste sind schwer zufriedenzustellen. Sie haben bestimmte Vorstellungen von dem, was ihnen zusteht, und meinen, sie hätten einen Rechtsanspruch auf den oder jenen Komfort. Sie können sich nicht einlassen auf das, was ist. Sie sind oft unersättlich in ihren Ansprüchen. Sie treten fordernd auf, oft genug arrogant.

Bescheidenheit und Demut hängen zusammen. Bescheiden ist ein Mensch, der mit beiden Füßen auf dem Boden steht, der Ja sagt zu sich selbst und zu seinem Leben, so wie es ist. Die Bescheidenheit bezieht sich nicht nur auf die Ansprüche an andere, sondern auch auf die an uns selbst. Der Bescheidene sagt Ja zu sich mit seinen Fähigkeiten und Möglichkeiten. Der Unbescheidene hat auch an sich selbst maßlose Ansprüche. Er überfordert sich selbst ständig. Er ist nie zufrieden mit dem, was er kann. Er möchte alles, was andere können, auch selbst können. Und am liebsten möchte er die anderen darin noch übertreffen.

Im Mittelhochdeutschen hat „Bescheidenheit" noch eine andere Bedeutung: Verstand und Verständigkcit. Der Bescheidene hat Verstand. Er versteht sich selbst und sein Leben. Und daher steht er zu sich und zu dem, was ihm das Leben bietet. Er hat Verständnis für das, was ist, für die Situation, in die er geraten ist. Der Bescheidene versteht, dass er jetzt im Augenblick das bekommt, was gerade möglich ist. Das gilt beim Einkaufen, das gilt für die Bedingungen, die ihm im Urlaub begegnen, etwa in seiner Urlaubspension, in der Landschaft, im Wetter, das gerade herrscht. Er versteht, dass der Mensch nicht alles auf einmal haben kann. Er bescheidet sich auch mit dem Wetter und hat keinen Anspruch auf ständigen Sonnenschein. Er nimmt die Dinge, wie sie sind. Er versteht, dass das Leben so ist, wie es ist. Und er ist damit zufrieden. Er ist im Frieden mit sich selbst. Der Unbescheidene muss oft genug seine innere Unzufriedenheit durch überhöhte Ansprüche ausgleichen. Der Bescheidene sagt Ja zu sich und zu seinem Leben. Er begnügt sich auch mit Wenigem, aber darin findet er alles, was er liebt: die Reichhaltigkeit des Einfachen. Daher ist der Bescheidene immer auch der weise Mensch, der verständige Mensch, der Verstand hat und zum Glück befähigt ist.

Dankbar

„Undank ist der Welten Lohn“, sagt das Sprichwort. Das erfahren viele Menschen, die anderen helfen. Sie erwarten nicht unbedingt Dankbarkeit für ihre Hilfe. Aber wenn ihre Hilfe mit Undank belohnt wird, wenn man ihnen noch Vorwürfe macht, dann fühlen sie sich verletzt. Mir haben Rettungsflieger erzählt, wie sie oft von den Menschen, denen sie helfen wollen, beschimpft werden. Die Rettungsflieger setzen sich selbst der Lebensgefahr aus, um anderen zu helfen. Doch statt Dank ernten sie Undank und Beschimpfung. Da spüren wir, dass wir die Haltung der Dankbarkeit gerade heute neu benötigen. Die Dankbarkeit ist eine Haltung, die uns zutiefst guttut. Und es gibt viele Gelegenheit, anderen gegenüber diese Haltung der Dankbarkeit zu zeigen.

Eine solche Gelegenheit ist zum Beispiel das Ende eines Jahres. Wenn wir Rückblick halten auf das vergangene Jahr, sollten wir es in der Haltung der Dankbarkeit tun. Wir haben Gott zu danken für alles, was er uns im vergangenen Jahr geschenkt hat. Aber es gibt nicht nur immer wieder ganz konkrete Gelegenheiten, bei denen wir Gott oder einem Menschen für etwas danken. Es geht auch darum, die Dankbarkeit als Haltung einzuüben. Die Dankbarkeit macht den Menschen angenehm. Das deutsche Wort „danken“ kommt von „denken“. Nur wer denkt, kann dankbar sein. Raymond Saint-Jean nennt die Dankbarkeit „das Gedächtnis des Herzens“. Der Dankbare denkt mit dem Herzen. Er nimmt wahr, was ihm täglich geschenkt wird. Der Undankbare ist kein wirklicher Mensch. Er denkt nicht, sondern er vergisst, was ihm täglich geschenkt wird. Der römische Philosoph Cicero hat die Undankbarkeit als Vergessen bezeichnet. Ich vergesse, was mir Gott schon in meinem Leben geschenkt hat. Und ich vergesse, was er mir täglich schenkt durch sein Wort, durch Menschen, die mir begegnen, durch die Gaben der Schöpfung. Der Dankbare bedenkt sein Leben, und er denkt richtig über Gott und die Welt nach.

Die stoische Philosophie nennt die Dankbarkeit als die wichtigste Eigenschaft des Menschen. Nur dankbare Menschen können Freundschaften eingehen und miteinander wirklich Gemeinschaft leben. Undankbare Menschen sind unangenehme Menschen. Mit ihnen möchte man am liebsten nichts zu tun haben. In der Nähe undankbarer Menschen fühlt man sich unwohl. Man hat das Gefühl, dass man es ihnen nie recht machen kann. So hält man sich von ihnen fern. Denn von ihnen geht eine negative und destruktive Stimmung aus.

Die Dankbarkeit macht den Menschen zum wahren Menschen. Und Dankbarkeit ist ein Heilmittel gegen destruktive und depressive Gedanken und Gefühle. So hat es Albert Schweitzer erfahren, der den Rat gibt: „Wenn du dich schwach und matt und unglücklich fühlst, fang an zu danken, damit es besser mit dir werde.“ Wenn ich mein

Leben mit Dankbarkeit anschaue, wird sich das Dunkle erhellen, und das Bittere wird einen angenehmen Geschmack bekommen. Die Dankbarkeit bewahrt mich vor Kleinmut und Verbitterung und bringt mich Gott näher. Und ich lerne Gelassenheit und Lebensfreude. Etwas von dieser humorvollen Lebensfreude klingt in dem Abendgebet des hl. Philipp Neri auf: „Herr, ich danke Dir, dass heute die Dinge nicht so gelaufen sind, wie ich wollte, sondern wie Du wolltest.“ Wer mit dieser Haltung der Dankbarkeit auf den vergangenen Tag schaut, der ärgert sich nicht, sondern für den wird alles zu einer Quelle der Freude und des Friedens.

Es gibt jeden Tag genügend Gelegenheit zu danken. Viele danken Gott jeden Morgen dafür, dass sie gesund aufstehen dürfen. Das scheint wenig. Aber dennoch verwandelt dieser kurze Dank den Beginn des Tages. Ich werde nicht bestimmt durch die Termine, die mich heute erwarten. Ich werde vielmehr geprägt von der Haltung der Dankbarkeit. Und die Dankbarkeit führt immer auch zur inneren Freude. Ich freue mich über diesen Tag. Und ich werde ihn anders erleben, wenn ich ihn dankbar als Chance annehme und als Geschenk, das Gott mir heute gewährt.

Auch jeder Abend ist eine gute Gelegenheit, den Tag in Dankbarkeit ausklingen zu lassen. Ich halte Gott meine Hände in Form einer Schale hin und danke Gott für alles, was er mir heute in die Hand gelegt hat: Begegnungen, die mich aufgerichtet haben, Worte, die mein Herz erwärmt haben, Blicke, die Licht gebracht haben in meine

Dunkelheit. Und ich danke Gott für das, was diese Hände heute in die Hand genommen haben, was mir gelungen ist, wo etwas entstanden ist. Ich danke Gott dafür, dass heute von diesen Händen Segen ausgegangen ist, dass ich Menschen liebevoll berührt habe mit meinen Händen. Wenn ich in dieser Haltung der Dankbarkeit den Tag beschließe, dann werde ich innerlich ruhig. Ich höre auf, meinen Tag zu bewerten. Ich schaue ihn an mit der Brille der Dankbarkeit., und die verändert meinen Blick und lässt mich den Tag dankbar in Gottes Hände zurücklegen. So kann ich mich selbst in Gottes guten Händen ausruhen und mich geborgen fühlen.

David Steindl-Rast hat eine eigene Spiritualität der Dankbarkeit entwickelt. Er spricht von der Dankbarkeit des Herzens als der Haltung, die dem Menschen und gerade dem Christen angemessen ist. Und er sagt den interessanten Satz: „Ich bin nicht dankbar, weil ich glücklich bin. Ich bin vielmehr glücklich, weil ich dankbar bin." Die Dankbarkeit ist der Schlüssel zum Glück. Das haben auch andere Dichter und Denker verstanden. So sagt der englische Schriftsteller Gilbert Keith Chesterton: „Der Prüfstein allen Glückes ist die Dankbarkeit." Ida Friederike Görres stellt die Frage: „Wer nicht dankt, wie kann der glücklich sein?" Für sie ist die Dankbarkeit die Voraussetzung wirklichen Glücks. Wer nicht dankbar ist für das, was er empfängt, der wird nie glücklich sein. Für Jeremias Gotthelf ist die Dankbarkeit auch die Voraussetzung, lieben zu können. „Wer nicht danken kann, kann auch nicht lieben." Die Dankbarkeit gibt der Liebe ihre Dauer. Liebende wollen einander beschenken.

Das größte Geschenk aber, das sie sich geben können, ist ihre gegenseitige Liebe. Doch die kann man nur genießen, wenn man sie dankbar empfängt.

Dietrich Bonhoeffer, der evangelische Theologe und Widerstandskämpfer, der 1945 von den Nazis hingerichtet wurde, sieht in der Dankbarkeit die Kunst, die eigene Vergangenheit für die Gegenwart fruchtbar zu machen. „Ohne die Dankbarkeit versinkt meine Vergangenheit ins Dunkle, Rätselhafte, ins Nichts." In seiner Gefängniszelle hat er oft dankbar all dessen gedacht, was er in seinem Leben erfahren hat. Das hat seiner Gegenwart einen anderen Geschmack gegeben, nicht den bitteren Geschmack des Gefängnisses, sondern den Geschmack der Freiheit und Liebe, des inneren Friedens und des Glücks. Es ist eine Kunst, die uns immer zur Verfügung steht: dankbar an das zu denken, was wir erlebt haben. Die Dankbarkeit hält die Vergangenheit nicht fest. Sie flieht auch nicht vor der Gegenwart. Vielmehr holt sie die Vergangenheit in das Jetzt hinein, damit ich das Jetzt anders zu erleben vermag.

Ich schreibe diese Gedanken über die Dankbarkeit gerade nach einem Kurs „Tod zur Unzeit", den ich für verwaiste Eltern gehalten habe. Wie sollen die Eltern, die mitten in der Trauer stecken, dankbar sein? Es würde für mich zynisch klingen, wenn ich sie zur Dankbarkeit aufrufen würde. Ich darf mit der Dankbarkeit die Trauer nicht überspringen. Aber die Trauer ist ja ein Chaos von Gefühlen, die sich in meinem Herzen zu Wort melden. Da ist Schmerz, Wut, Verzweiflung, Hoffnungslosigkeit,

Schuldgefühle. Aber manchmal taucht in diesem Chaos der Gefühle auch die Ahnung von Dankbarkeit auf. Manche Eltern können es ehrlichen Herzens so sagen: Trotz aller Trauer danke ich Gott, dass ich meinen Sohn, meine Tochter fünf oder zehn oder zwanzig Jahre lang haben durfte. Wenn die Eltern sich dann mitten in der Trauer der Dankbarkeit zuwenden, dann wandelt sich ihre Trauer. Die Trauer wird immer wieder auftauchen. Aber mitten in der Trauer ist auch das andere Gefühl, das ihnen Halt gibt und sie trotz aller Dunkelheit mit Freude erfüllt. Die Dankbarkeit ist dann mitten in der Trauer ein Ruheort, an den sie sich zurückziehen dürfen, um dort innerlich zur Ruhe zu finden.

Die Dankbarkeit ist nicht irgendeine Haltung, die sich in unserem Herzen breitmacht. Die Dankbarkeit braucht ein Gegenüber. Wir danken einem Menschen. Und wir danken letztlich Gott. Gott ist letztlich der Grund aller Dankbarkeit. Chesterton meint daher, der schlimmste Augenblick für einen Atheisten sei es, „wenn er wirklich dankbar ist und niemanden hat, dem er danken könnte“. Ein jüdischer Witz bringt das zum Ausdruck: Da geht ein jüdischer Rabbi am Sabbat auf den Golfplatz, obwohl das am Sabbat verboten ist. Doch die Lust ist stärker als das Gebot. Er schlägt mit seinem Golfschläger und landet einen Volltreffer. Doch der Rabbi ist nicht glücklich. Denn der Witz endet mit der Frage: „Wem kann er es erzählen?“ Er kann sich über seinen Volltreffer nicht freuen, weil er niemanden hat, dem er davon erzählen könnte. Denn jeder fromme Jude würde ihn dafür verurteilen.

So ist es mit der Freude über das gelingende Leben. Wenn wir niemanden haben, dem wir dafür danken können, dann löst sich die Freude irgendwann auf. Aber die Dankbarkeit Gott gegenüber hält die Freude in uns wach.

Dienend

„Service" ist in unserer „Dienstleistungsgesellschaft" ein übliches Wort, das ein Versprechen beinhaltet. „Dienen" dagegen hat heute keinen besonders guten Klang. Man denkt an den „Diener", durch den man in früheren Zeiten gegenüber in der gesellschaftlichen Rangordnung höher stehenden Menschen Ehrfurcht und Unterwerfung ausdrückte: eine tiefe Verbeugung, durch die man sich selber klein und unbedeutend machte. Von der Sprache her ist der „Diener" eigentlich der „Läufer". Gemeint ist damit der Gefolgsmann in einem Heer. Der Diener hatte die Aufgabe, zwischen dem Heer und dem Feldherrn hin- und herzulaufen und dafür zu sorgen, dass die Kommunikation zwischen beiden gelang. Im Lateinischen hat der „servus" die gleiche Aufgabe. Das griechische Wort für Dienst ist dagegen vom Tischdienst genommen: „Diakonia", das ist der Tischdienst. Und das ist für mich ein wichtiges Bild geworden. Dienen heißt: dem Leben dienen, Beziehungen stiften, Leben in den Menschen hervorlocken, in ihnen wecken. Denn dem Tischdiener ist es ja ein Anliegen, dass die Gäste zufrieden sind, dass sie sich wohl fühlen, dass ihnen das Essen und das Leben schmeckt.

Jesus bringt Dienen und Führen zusammen. Seinen Jüngern, die sich darüber streiten, wer von ihnen der

Größte sei, sagt er: „Der Größte unter euch soll werden wie der Kleinste, und der Führende soll werden wie der Dienende“ (Lk 22,26). Dienen ist also nicht eine Sache für schwache Menschen, sondern für starke Menschen. Wer andere führt, soll ihnen dienen, er soll in ihnen Leben hervorlocken. Heute wird der Begriff „Führen als Dienen“ von vielen Unternehmensberatern und Wirtschaftsethikern neu entdeckt und entfaltet. Dienen ist, so verstanden, nichts Unterwürfiges, sondern etwas sehr Aktives, das Leben weckt in den Menschen. Aber im Dienen steckt auch die Freiheit vom eigenen Selbst. Ich muss mich als Führer nicht beweisen oder mich über die anderen stellen. Ich bin offen für die Menschen, die ich führe, und für die Sache, der ich diene. Der Chef, der eine Firma führt, dient letztlich dem Unternehmen. Er steht in der Verantwortung, dass es der Firma gut geht. Und das wird nur gelingen, wenn es auch den Mitarbeitern gut geht und sie gerne in dieser Firma arbeiten.

Manchmal verwenden wir den Begriff des Dieners auch allzu leichtfertig, gerade auch in der Kirche. So nennt sich der Papst „servus servorum Dei“, Diener der Diener Gottes. Doch oft genug hat man hinter diesem frommen Begriff dann die Macht ausagiert. Der Titel war nur eine Verbrämung der Macht. Die Bischöfe nennen sich oft Diener des Glaubens. Das klingt gut. Aber es muss auch realisiert werden, sonst wird der Begriff seines wirklichen Inhalts entleert. Zumindest ist aber in dieser Formulierung die Ahnung noch vorhanden, dass jede verantwortungsvolle Aufgabe letztlich ein Dienst ist. Das gilt auch für die Erziehung. Die Eltern dienen letztlich auch den Kindern und wecken in ihnen Leben. Aber das darf auch nicht so verstanden werden, dass die Eltern nur den Bedürfnissen der Kinder dienen, dass letztlich die Kinder zu den Herren in der Familie werden. Dienen meint etwas anderes: Mein ganzes Streben ist, dass die Kinder immer mehr in die Gestalt hineinwachsen, die ihnen Gott zugeteilt hat. Damit sie in diese Gestalt hineinwachsen, muss ich aber auch Grenzen setzen. Dienen heißt nicht: jeden Wunsch erfüllen, sondern: gerade auch durch Grenzen und Widerstand dem Leben dienen.

Ich erlebe in manchen Firmen, dass viele Mitarbeiter nur noch Aufträge erteilen wollen, dass aber immer weniger da sind, die Aufträge zu erledigen. In unserer Verwaltung sagte eine Angestellte von einer Abteilung in unserer Abtei: Da wollen alle nur noch Häuptlinge sein, aber es gibt keine Indianer mehr. Diese Tendenz ist heute typisch für viele Bereiche. Gerade junge Menschen, die gut ausgebildet sind, wollen im Beruf sofort herrschen, anstatt zu dienen. Um führen zu können, muss ich vorher auch gedient haben. Als Führungskraft diene ich nicht nur den Mitarbeitern. Es gilt auch, selbst die einfachen Dienste zu lernen und zu praktizieren, die in einer Firma üblich sind. Wir sagen von einem Mitarbeiter: Er hat sich hochgedient. Damit meinen wir: Er hat alle normalen Arbeiten selbst erledigt, und dann ist er in seinem Dienst immer höher aufgestiegen. Doch viele wollen die erste Stufe des Dienens heute überspringen. Sie wollen sofort nach oben, ohne vorher die einfachen Dienste geleistet zu haben. Weil sie nie gedient haben,

haben sie sich auch die Führungsaufgabe nicht verdient. Wer etwas verdienen will, muss dienen lernen. Ohne Dienst kein Verdienst.

Wenn wir das Leben lernen wollen, müssen wir auch das Dienen wieder lernen. Wer dient, macht sich verdient. Er lernt das Leben. Er verdient es sich, anspruchsvollere Aufgaben zu bekommen. Denn weil er das Dienen gelernt hat, wird er auch höhere Aufgabe nicht als Belohnung sehen, sondern als neue Herausforderung, den Menschen auf neue Weise zu dienen. Benedikt von Nursia verlangt in seiner Regel vom Abt, er solle „den Eigenarten vieler dienen" (RB 2,31). Es geht dabei um die Achtung und Förderung eines jeden. Das ist die Voraussetzung, dass Gemeinschaft gelingt. Ich habe in unserem Kloster schöne Beispiele des Dienens gesehen. Als Abt Bonifaz von seinem Amt zurückgetreten ist, hat er einem Mitbruder, der die Chronik der Abtei handschriftlich geschrieben hat, weil er nicht auf der Maschine schreiben konnte, gedient, indem er seinen Text auf der Schreibmaschine abgetippt hat. Der, der vorher über ihm stand, hat dem Untergebenen mit seinen Gaben gedient. Darin besteht der wahre Dienst, dass wir mit unseren Fähigkeiten anderen dienen, damit auch in ihnen das Leben aufblüht.

Ehrfürchtig

Heute wird vielfach der Mangel an Ehrfurcht beklagt. Er drückt sich schon aus in der Art, wie Menschen etwa eine Kirche betreten. Die Kirche ist für sie sie wie eine Markthalle oder ein Museum. Es fehlt die Ehrfurcht, die Scheu vor dem Heiligen. Und sensible Menschen, die die heutige Gesellschaft betrachten, bedauern das Fehlen der Ehrfurcht im zwischenmenschlichen Bereich. Man möchte zu keinem Menschen mehr aufschauen. Jeden muss man auf die gleiche Ebene zerren, auf der man selbst steht. Oft genug zeigt sich der Mangel an Ehrfurcht daran, dass man den anderen in den Sumpf zieht, in dem man selbst unterzugehen droht.

Das deutsche Wort „Ehrfurcht" ist ja zusammengesetzt aus den beiden Wörtern „Ehre" und „Furcht". Die Furcht meint hier nicht Angst vor etwas, sondern es ist die Scheu vor dem Heiligen, das Betroffenwerden von etwas, was größer ist als ich selbst. Und die Furcht meint hier das unbedingte Achten darauf, dass ich dem, dem Ehre gebührt, die Ehre auch gebe. Romano Guardini hat über die Ehrfurcht geschrieben. Er meint, die Ehrfurcht verzichtet auf das Zudringen zum Heiligen, auf das Eindringen in etwas, das geschützt werden will. Sie hält Abstand. Sie hat ein Gespür, dass es etwas gibt, das so sein darf, wie es ist, ohne dass wir alles in die Hand nehmen und erforschen müssen. Ehrfurcht hat immer mit dem Geheimnis zu tun.

Der Ursprung der Ehrfurcht ist die Religion. Ehrfurcht drückt die Empfindung des Heilig-Unnahbaren aus. Sie ist nach Guardini „Ahnung von Heilig-Großem und Verlangen, an ihm Teil zu haben – verbunden mit der Sorge, seiner unwürdig zu sein“ (Guardini, Tugenden 57). Heute verwenden wir Ehrfurcht auch als Haltung gegenüber allem, was bedeutend und wertvoll ist. Wir kennen die Ehrfurcht vor einem heiligen Menschen, aber auch vor einem berühmten Menschen. Wir nahen uns ihm in einer ehrfürchtigen Haltung. Wir wollen ihm die Ehre erweisen, die ihm gebührt. Romano Guardini schildert das Wesen der Ehrfurcht so: „In der Ehrfurcht verzichtet der Mensch auf das, was er sonst gern tut, nämlich in Besitz zu nehmen und für die eigenen Zwecke zu gebrauchen. Stattdessen tritt er zurück, hält Abstand. Dadurch entsteht ein geistiger Raum, in welchem das, was Ehrfurcht verdient, sich erheben, frei dastehen und leuchten kann“ (ebd. 58). Es ist eine Haltung, die der Würde des Menschen entspricht. Heute gibt es eine Sucht, in das Geheimnis jedes Menschen einzudringen und alles, was er in seinem privaten Leben tut, vor aller Welt auszubreiten. Es ist die Sucht, alles zu banalisieren. Wir können das Geheimnis eines Menschen und das Geheimnis eines Ortes nicht stehen lassen. Wir wollen in alles eindringen, alles in Besitz nehmen.

Für Romano Guardini gehört die Ehrfurcht wesentlich zur Kultur. Alle wirkliche Kultur beginnt mit der Ehrfurcht, „damit, dass der Mensch zurücktritt“. Nur so kann die Würde eines Menschen, die Schönheit der Natur oder eines Kunstwerkes in ihrem Glanz aufleuchten. Albert Schweitzer hat die „Ehrfurcht vor dem Leben“ zum Angelpunkt seiner Ethik gemacht. Für ihn ist es der Sinn aller Ethik, Ehrfurcht vor dem Leben zu haben und dem Geheimnis des Lebens gerecht zu werden, das Leben zu schützen. Die Ehrfurcht vor dem Leben ist für ihn der letzte Grund für die Achtung und Bewahrung der Schöpfung. Und diese Ehrfurcht vor dem Leben führt dann auch zur Ehrfurcht vor dem Menschen, nicht nur vor großen Menschen, sondern gerade auch vor den erniedrigten und verwundeten Menschen.

Romano Guardini meint, die Ehrfurcht könne sich auch im Alltag zeigen in den beiden Tugenden der Achtung und der Höflichkeit. „Die Höflichkeit schafft freien Raum um den Anderen; bewahrt ihn vor der bedrängenden Nähe, gibt ihm seine eigene Luft. Sie anerkennt im Anderen das Gute und lässt ihn fühlen, dass es geschätzt wird. Schweigt von den eigenen Vorzügen, stellt sie zurück, damit sie ihn nicht entmutigen“ (ebd. 121). Die Ehrfurcht ist also auch eine alltägliche Tugend, die uns in unserem Miteinander guttut. Sie gewährt jedem den Raum, den er braucht, um sich zu entfalten und um er selbst zu sein. Sie lässt die Größe eines Menschen gelten. Manche haben die Sucht, jede Größe eines anderen klein zu machen, nach seinen Fehlern zu suchen. Doch diese Sucht führt dazu, dass alles armselig und banal wird. Wer dagegen die Größe eines Menschen mit Ehrfurcht betrachtet, der wird neben dem Großen nicht klein, sondern im Gegenteil: Er wird selber groß. Die Bibel verlangt die Ehrfurcht vor den Eltern und vor dem Alter (Sir 3,1–16). Ehrfurcht bedeutet nicht, dass ich die Eltern und die Alten nicht kritisieren darf. Aber ich erweise ihnen Ehre. Sie haben ihr Leben gemeistert. Und davor beuge ich mein Haupt. Ich respektiere mit meinen Eltern immer auch meine eigene Herkunft. Wer seinen Eltern gegenüber keine Ehrfurcht hat, der verachtet letztlich auch sich selbst.

Doch der eigentliche Bereich der Ehrfurcht ist das Große und Erhabene, wie es uns in Gott und in seiner Schöpfung begegnet. Die Ehrfurcht beginnt mit dem Staunen vor der Größe und Schönheit der Schöpfung. Im Alten Testament ist Gott selbst ehrfurchtgebietend (Sir 43,29), und auch der Ort, an dem Gott erfahren wird, verlangt nach unserer Ehrfurcht. Als Jakob von seinem Traum mit der Himmelsleiter aufwacht, reagiert er mit den Worten: „Wie ehrfurchtgebietend ist doch dieser Ort! Hier ist nichts anderes als das Haus Gottes und das Tor des Himmels" (Gen 28,17).

Letztlich ist also Ehrfurcht immer Ehrfurcht vor dem Heiligen. Sie mündet in der Anbetung. Ich lasse Gott Gott sein. Ich benutze ihn nicht für mich. Jesus mahnt uns zu dieser Ehrfurcht vor dem Heiligen in dem provozierenden Wort: „Gebt das Heilige nicht den Hunden, und werft eure Perlen nicht den Schweinen vor, denn sie könnten sie mit ihren Füßen zertreten und sich umwenden und euch zerreißen" (Mt 7,6). Es ist ein höchst aktuelles Wort. Ich habe das einmal erlebt bei einer Predigt, bei der ich das Gefühl hatte: Ich werfe jetzt Perlen vor die Schweine. Die

Zuhörer wollen sich überhaupt nicht von meinen Worten berühren lassen, sie wollen sie nur benutzen, um mich zu fotografieren und mit mir anzugeben. In solchen Situationen bleibt mir das Wort im Hals stecken. Ich spüre: Dort, wo keine Ehrfurcht ist, kann ich auch keine Worte aussprechen, die das Heilige berühren, die die Würde des Menschen schützen möchten.

Die Ehrfurcht umfasst alle Bereiche, den Bereich des Heiligen und den Bereich des Alltags. Sie ist eine Tugend, die wir gerade heute dringend nötig haben. Wenn einem Journalisten die Ehrfurcht fehlt, wenn ihm nichts mehr heilig ist, dann wird er jeden großen Menschen in den Dreck ziehen. Er hat dann die Befriedigung, dass keiner wirklich groß ist. Alles wird klein gemacht, alles wird banal und wertlos. Das ist die Bankrotterklärung jeder Kultur. Wir brauchen die Ehrfurcht, um eine Kultur des Miteinanders zu schaffen. Und wir brauchen die Ehrfurcht als Hüterin echter und wahrer Kultur.

Einfühlsam

Es tut uns gut, wenn wir mit einem Menschen sprechen und den Eindruck haben: Er versteht uns. Er versucht, sich in uns hineinzufühlen. Er verzichtet darauf, das, was wir erzählen, zu bewerten. Er spürt, wenn wir Hilfe brauchen. Er hat aber auch ein gutes Gefühl dafür, was wir lieber selbst schaffen könnten. Er drängt uns seine Hilfe nicht auf. Er fühlt auch, wo uns die Hilfe eher peinlich wäre. Von einem einfühlsamen Menschen fühlen wir uns nie bedrängt, nie belehrt, nie beurteilt. Wir dürfen vor und bei ihm sein, wie wir sind. Und die Einfühlsamkeit des anderen ermutigt uns, mit uns selbst zu fühlen, uns selbst zu spüren und uns zu verstehen.

Es gibt Menschen, die quasi von Natur aus einfühlsam sind. Aber kann ich diese Fähigkeit auch lernen? Ich möchte beschreiben, was mir persönlich hilft, wenn ich mich in den anderen einfühle. In vielen Gesprächen – bei Kursen oder in der geistlichen Begleitung – versuche ich, mich in den anderen einzufühlen. Die erste Bedingung ist, dass ich ganz präsent bin. Präsent zu sein heißt für mich auch, frei zu sein vom eigenen Ego. Ich muss dem anderen nicht beweisen, dass ich ein guter Seelsorger bin. Ich will ihm nichts von mir erzählen. Ich will einfach nur zuhören. Und dann höre ich genau hin, aber nicht, um zu bewerten oder zu analysieren. Ich höre nicht nur auf die Worte des anderen. Ich höre mich in den anderen hinein. Wie mag er sich fühlen mit dem, was er mir erzählt? Wie würde ich mich selber fühlen mit dieser Erfahrung, mit dieser Verletzung, mit dieser Verlassenheit? Ich höre auf die Worte, auf den Tonfall, auf die Stimme. Und ich schaue den anderen an. Was sagt mir sein Gesicht, seine Mimik, seine Körperhaltung? Ich verzichte beim Zuhören auf das Bewerten und auf das Einordnen. Ich verbiete mir, das, was der andere mir erzählt, in ein psychologisches oder spirituelles Schema zu pressen. Ich mache mir keine Theorie über ihn. Sich eine Theorie über den anderen machen ist für mich das Gegenteil von einfühlsam sein. Denn wenn ich mir eine Theorie über jemanden mache, dann stelle ich die Theorie zwischen ihn und mich. Ich halte mir letztlich den anderen vom Leib.

Ich lasse den anderen so lange sprechen, wie er möchte. Ich reagiere auf das, was er sagt, mit Zustimmung, mit Verstehen, mit Offenheit. Manchmal verstärke ich das, was er sagt. Manchmal frage ich nach, wie er sich dabei gefühlt hat oder wie er sich jetzt fühlt, wenn er darüber spricht. Ich frage ihn nicht aus, sondern ich frage, damit er sich selbst besser spürt und tiefer in sich hineinschaut. Das deutsche Wort „Frage“ hängt mit „Furche“ zusammen. Mit jeder Frage grabe ich eine Furche in den Acker der Seele des anderen, damit er in diese Furchen gute Worte als Samen hineinsäen kann und sein Acker immer mehr Frucht trägt. Die Frage möchte befruchten.

Einfühlsamkeit ist eine Tugend, um die sich jeder Therapeut, jeder Seelsorger, jeder Arzt und jeder Erzieher bemühen sollte. Nur wenn ich mich in den anderen Menschen einfühle, kann ich mit ihm einen Weg gehen. Nur dann kann ich das aus ihm herausziehen, was in ihm ist. Das deutsche Wort „erziehen“ heißt ja eigentlich „herausziehen“, entsprechend dem lateinischen Wort „educare“ („herausführen“, „herausziehen“). Das damit eng verwandte lateinische Wort „educere“ heißt nicht nur „erziehen“, sondern auch „aufrichten“, „aufbauen“, „in die Höhe führen“. Wenn ich mich einfühle in den anderen, richte ich ihn auf und führe ihn auf eine andere Ebene. Das tut ihm gut. Und nur wenn ich einfühlsam für den Menschen bin, der sich mir anvertraut, wird sich dieser Mensch mir öffnen. Er wird mir alles zeigen, was in ihm ist. Denn er fühlt sich nicht bewertet. Und je mehr er mir zeigt, desto mehr kann ich aus ihm herausführen und auf eine andere Ebene führen. Nur was er mir hinhält, kann im Gespräch und in der Begegnung verwandelt werden.

Einfühlsamkeit tut uns aber auch mitten im Alltag gut. Wenn uns ein Missgeschick widerfährt, dann können wir es nicht brauchen, wenn uns jemand beschimpft. Wenn der andere einfühlsam reagiert, dann werden wir uns auch selbst nicht verurteilen. Ein Mann erzählte mir, dass er in Irland am Anfang nicht mit dem Linksfahren zurechtgekommen ist. Dabei hat er einem Iren den Spiegel von seinem Auto abgefahren und sich vielmals entschuldigt. Es war ihm sehr peinlich. Doch der Ire reagierte einfühlsam: „Das kann doch jedem passieren, das ist doch nicht schlimm!“ Eine solche Begegnung wäre in Deutschland wohl anders verlaufen, war seine Vermutung.

An einer so kleinen Geschichte spüren wir, wie Einfühlsamkeit die Menschen verbinden kann. Wenn sich jemand in mich einfühlt, dann bekomme ich auch ein Gefühl für ihn. Der andere wird mir sympathisch. Ich habe gute Gefühle für ihn.

Frei

In Hongkong demonstrierten im Herbst des Jahres 2014 tagelang Tausende von Studenten für die Freiheit. Sie wehrten sich dagegen, von China ein autoritäres System übergestülpt zu bekommen. Die Freiheit war es ihnen wert, tagelang, ja nächtelang – bei Regen und Sonnenschein – auf der Straße auszuhalten und sich für die Freiheit der Gesellschaft einzusetzen. Nicht alle haben das honoriert. Viele meinten, sie sollten doch froh sein, wenn sie genügend zu essen haben. Ich habe damals mit vielen von diesen jungen Menschen gesprochen und den Eindruck gewonnen: Die Freiheit war ihnen so wichtig, dass sie Risiken und Entbehrungen auf sich nahmen und sich mit aller Kraft dafür einsetzten. Und die Geschichte der Menschheit zeigt, wie viele Kämpfe die Menschen geführt haben, um diesen Traum Wirklichkeit werden zu lassen und die Freiheit in der Gesellschaft zu erlangen.

Freiheit ist eines der vielen Sehnsuchtsworte, die die Menschen seit jeher bewegen. Gemeint ist damit keineswegs nur die Selbstbestimmung in Politik und Gesellschaft. Im Grunde seines Herzens sehnt sich jeder Mensch danach, frei zu sein: frei zu sein von der Macht der Menschen, frei gegenüber dem Urteil der anderen, frei von äußeren und inneren Zwängen, frei von Ängsten, frei von Skrupeln, frei von Abhängigkeiten. Manche verwechseln jedoch Freiheit mit Individualismus. Sie meinen, frei sei der, der tun kann, was er will, der sich nicht nach den anderen richtet, sondern nur auf sich selbst sieht. Die Moraltheologie unterscheidet eine „Freiheit von" und eine „Freiheit zu". Es ist wichtig, frei zu sein von den Erwartungen der anderen und von der Herrschaft der eigenen Bedürfnisse. Aber das Ziel der Freiheit ist es, sich frei hinzugeben, sich auf einen Menschen oder auf Gott einzulassen. Und diese Freiheit in der Liebe vermag ich nur zu leben, wenn ich zuvor frei geworden bin von der Herrschaft des eigenen Ego.

Die christliche Tradition ist von Anfang an von der Idee der Freiheit beseelt. Paulus hat die Freiheit in das Zentrum seiner Botschaft gestellt: „Zur Freiheit hat uns Christus befreit", schreibt Paulus an die Galater (Gal 5,1). Die Erlösung durch Jesus Christus wird als Befreiung beschrieben, als große Einladung, nun als freie Söhne und Töchter Gottes zu leben. Und das geistliche Leben wird seit der frühen Kirche als Einübung in die Freiheit verstanden. Die Freiheit, die der historische Paulus meint, ist vor allem die Freiheit vom jüdischen Gesetz. Das ist für uns heute kein Thema. Für uns bedeutet die Botschaft des hl. Paulus, dass wir uns nicht selbst ständig Gesetze auferlegen sollen. Es gibt so viele Menschen, die unfrei sind. Sie setzen sich ständig unter Druck, sich vor anderen zu rechtfertigen, sich zu verteidigen, sich beweisen und etwas von sich vorweisen zu müssen. Die grundlegende Erfahrung des Paulus war etwas, was uns auch heute noch berührt: Christus hat mich befreit von allem Druck, mich beweisen zu müssen, weder vor mir selbst noch vor anderen Menschen noch vor Gott. Die erste Freiheit ist: Ich darf sein, der ich bin. Ich bin bedingungslos geliebt.

Die Botschaft von der Freiheit geht direkt auf Jesus zurück. Jesus selbst war ein freier Mensch. Er war frei den Menschen gegenüber. Er musste sich vor ihnen nicht beweisen. Er musste sich auch den Pharisäern gegenüber nicht für sein Anderssein rechtfertigen. Er war innerlich frei. Und er war frei von äußeren Normen. Er hat die jüdischen Gesetze mit innerer Freiheit ausgelegt. Die Pharisäer, die das äußere Gesetz über das Wohl des Menschen stellten, konfrontiert er mit der Frage: „Was ist am Sabbat erlaubt: Gutes zu tun oder Böses, ein Leben zu retten oder es zu vernichten?“ (Mk 3,4). Wer sich von Normen bestimmen lässt, anstatt sich in Freiheit dem Menschen in seiner Not zuzuwenden, der tut letztlich etwas Böses, der zerstört Leben.

Das Wort „frei“ benutzt Jesus im Matthäusevangelium nur einmal. Aber darin wird das Wesen seiner Botschaft sichtbar. Die Juden mussten zur Zeit Jesu eine Tempelsteuer zahlen. Die Männer, die die Tempelsteuer einzogen, kommen zu Petrus kamen und fragen ihn: „Zahlt euer Meister die Doppeldrachme nicht?“ Petrus antwortet ihnen: „Doch!“ (vgl. Mt 17,24f). Als Petrus wieder ins Haus kommt, fragt ihn Jesus: „Von wem erheben die Könige dieser Welt Zölle und Steuern? Von ihren eigenen Söhnen oder von den anderen Leuten?“ Petrus antwortet: „Von den anderen!“, und Jesus sagt zu ihm: „Also sind die Söhne frei“ (vgl. Mt 17,25f). Die Freiheit ist also das Kennzeichen der Christen. Weder staatliche noch kirchliche Stellen können den Christen in ein Zwangssystem sperren. Denn der Christ ist als Sohn und Tochter Gottes ein freier Mensch, allein Gott verantwortlich. Er steht nicht unter Menschen, sondern unter Gottes Gebot. Und Gottes Gebot ist der Weg der Freiheit. Jesus verkündet das Reich Gottes. Wo Gott herrscht, da findet der Mensch zu seiner Freiheit, da wird der Mensch erst zum Menschen.

Die Kirche hat diese Botschaft Jesu nicht immer ins Zentrum ihrer Lehre gestellt. Sie hat sich vielmehr an die weltlichen Herrscher gehalten und den Christen vor allem Gehorsam verkündet. Doch das Zentrum der christlichen Botschaft ist: Wir sind freie Söhne und Töchter Gottes. Wir gehören keinem Menschen. Wir sind nicht dazu da, die Erwartungen der anderen zu erfüllen und uns von ihnen beherrschen zu lassen. Wir sind von unserem Wesen her frei. Wir lassen uns ein auf den Staat mit seinen Gesetzen. Aber wir lassen uns nicht versklaven. Heute verkünden alle Politiker die Freiheit ihrer Bürger. Doch zugleich wird diese Freiheit immer mehr eingeengt. Der Bürger wird immer mehr zum gläsernen Bürger. Alles will der Staat wissen. Der Staat widerspricht seiner eigenen Botschaft von der Freiheit seiner Bürger, indem er alles von ihnen und über sie wissen will.

Im Johannesevangelium wird ein anderer Aspekt der Freiheit sichtbar. Jesus sagt: „Die Wahrheit wird euch frei machen“ (Joh 8,32). Auch das ist ganz aktuell: Viele Menschen fühlen sich nicht frei, weil sie ihre eigene Wahrheit verdrängen. Aber wenn ich meiner eigenen Wahrheit ausweiche, dann werde ich von meiner Unruhe getrieben. Ich komme nie zu mir selbst. Ich werde beherrscht von der Angst, die anderen könnten meine Wahrheit entdecken. Nur wenn ich darauf vertraue, dass ich mit meiner ganzen Wahrheit von Gott angenommen bin, werde ich frei von dieser Angst. Die Freiheit hat hier zugleich mit Liebe zu tun. Wenn ich mich ganz und gar von Gott angenommen und geliebt fühle, dann bin ich frei, meine ganze Wahrheit zu zeigen. Ich brauche vor Gott nichts zu verbergen. Diese Erfahrung kennen wir auch in der zwischenmenschlichen Liebe. Wenn ich mich vom Ehepartner ganz und gar geliebt fühle, bin ich frei, alles zu zeigen. Ich brauche nichts mehr zu verbergen.

Die Freiheit war vor allem ein Lebensgefühl der Griechen. Die griechischen Kirchenväter haben es in die christliche Theologie hineingebracht. Und sie sind darin auch der stoischen Philosophie gefolgt, die das anfangs eher politische Freiheitsgefühl der Griechen auf eine persönliche Ebene gehoben hat. Die Kirchenväter haben sich vor allem von Epiktet beeinflussen lassen, einem ehemaligen Sklaven, der von der inneren Freiheit geschrieben hat, die ihm auch der nicht nehmen kann, der ihn schlecht behandelt. Für Epiktet, der etwa von 50 bis 130 nach Christus gelebt hat, geht es vor allem um die Frage, wie der Mensch seine Freiheit gewinnen kann. Denn für ihn ist Freiheit Leben. Die Freiheit hängt vom Willen des Menschen ab. So sagt Epiktet: „Wenn du willst, bist du frei. Wenn du willst, brauchst du mit nichts unzufrieden zu sein, nichts anzuklagen, alles wird nach Wunsch gehen, nach deinem und zugleich dem des Gottes.“ Die Freiheit hängt vom richtigen Wissen ab. Wir sollen unterscheiden zwischen dem, was in unserer Macht steht, und dem, was nicht in unserer Macht steht. Wir sollen nur das ergreifen, was in unserer Macht steht. Das andere sollen wir loslassen. Dann sind wir wahrhaft frei. Diese Freiheit finden wir dann, wenn wir die äußeren Dinge daran hindern, den geheiligten Bezirk des wahren Ich zu betreten. Alles, was auf uns zukommt, sollen wir daraufhin prüfen, welche Beziehung es zu unserem inneren Menschen hat, und zwar mit der Frage: „Ti pros eme? – Was hat das mit mir zu tun?“ Wenn wir alle Dinge unter diesem Blickwinkel betrachten, werden wir erkennen, dass uns nicht die Ereignisse verwirren, sondern nur die Vorstellungen, die wir uns über sie bilden. Wir werden frei von den Illusionen und entdecken in uns den inneren Raum der Freiheit, in dem Gott in uns wohnt. Die Kirchenväter haben diese Botschaft mit dem Wort Jesu in Verbindung gebracht: „Das Reich Gottes ist in euch“ (Lk 17,21). Dort, wo Gott in uns herrscht, sind wir wahrhaft frei. Da hat kein Mensch über uns Macht. Und wir werden auch nicht von unseren Bedürfnissen oder Leidenschaften oder Launen beherrscht. Wir sind frei von aller Herrschaft. Das befreit uns auch, uns in der Liebe hinzugeben.

Frei zu sein und in Freiheit zu leben, das entspricht unserer tiefsten Sehnsucht. Aber oft genug spüren wir, dass wir nicht wirklich frei sind. Wir haben Angst vor dem Urteil der anderen. Wir setzen uns unter Druck, uns vor den anderen beweisen und gut dastehen zu müssen. Und oft trauen wir uns nicht, frei unsere Meinung zu vertreten. Jesus will uns ermutigen, uns frei zu machen von den Erwartungen und Meinungen der anderen und auch in Situationen äußerer Unfreiheit immer die Freiheit unseres Geistes zu wahren. „Die Gedanken sind frei“, haben die Studenten in ihrem berühmten Lied immer wieder gesungen. „Ich bin so frei“, sagen wir manchmal, wenn wir uns trauen, den ersten Schritt in das Zimmer zu machen oder etwas in die Hand zu nehmen. Ich wünsche uns allen, dass diese Höflichkeitsformel nicht äußerlich bleibt, sondern zu Ihrer innersten Haltung wird: Ich bin so frei, zu denken und zu sprechen und zu handeln, wie es meinem innersten Wesen entspringt. Ich bin frei von dem, was andere von mir erwarten und über mich denken. Ich bin so frei, weil Christus mich zur Freiheit befreit hat.

Freundlich

Wir beurteilen eine Gastwirtschaft oder ein Hotel nach der Freundlichkeit der Bedienung. Wenn wir in ein Geschäft gehen, um etwas zu kaufen, sind wir dankbar, wenn die Verkäuferin uns freundlich behandelt. Und wenn ich jemand nach dem Weg frage, freue ich mich, wenn der Gefragte mir freundlich antwortet. „Freundlich“ kommt von „Freund“ und meint: Ich gehe mit diesem Menschen um wie mit einem Freund. Wir verbinden mit Freundlichkeit die Haltung, liebenswürdig zu sein, zugewandt zu sein und angenehm. Wir fühlen uns wohl, wenn wir freundlich behandelt werden.

Ich habe öfter Kurse für Hotelangestellte gehalten. Natürlich ist es für sie nicht immer einfach, zu Menschen freundlich zu sein, die unzufrieden sind, die ständig am Service oder am Essen etwas auszusetzen haben. Da gehen dann manche zwar freundlich auf die Gäste zu. Aber auch wenn sie trotz aller Kritik des Gastes freundlich geblieben sind, gehen sie oft nachher zu einem Kollegen und schimpfen über diesen anstrengenden Gast. Sie spüren, dass sie immer die Freundlichkeit bewahren müssen. Aber manchmal wird das auch anstrengend. Und dann müssen die anderen Gefühle wie Ärger oder Enttäuschung auch irgendwie zum Ausdruck kommen. Aber auch dann ist es wichtig, dass ich mit meiner Freundlichkeit keine Fassade aufbaue, sondern dass ich mich auch dem schwierigen Gast bewusst freundlich zuwende. Freundlichkeit bedeutet nicht, dass ich alles akzeptiere oder mir alles gefallen lasse. Dann würde ich alle Selbstachtung verlieren. Ich kann auch auf freundliche Weise distanziert sein. Ich gehe also freundlich mit dem polternden Gast um – aber mache mich nicht klein vor ihm. Ich versuche nicht, ihn zu beschwichtigen. Ich setze ihm auch klar die Grenzen und gebe ihm deutlich zu verstehen, was möglich ist und was nicht. Wenn ich meine Freundlichkeit als Zwang erleben würde, mit mir alles machen zu lassen, dann würde es mir nicht gut gehen. Und irgendwann könnte ich dann wirklich nicht mehr freundlich sein.

Ich kann Freundlichkeit lernen, wenn ich mich bemühe, hinter der oft unangenehmen Fassade des anderen den guten Kern zu sehen: Ich nehme sein schwieriges Verhalten nicht persönlich, sondern als Ausdruck einer inneren Not. Weil er mit sich nicht zufrieden ist, muss er an mir und an meiner Arbeit alles kritisieren. Freundlichkeit kann dann zum Schutz werden: Ich lasse die Aggressivität des anderen nicht zu nahe an mich heran. Ich vertraue darauf, dass ich durch meine Freundlichkeit den guten Kern in ihm wecke. Das ist nicht Passivität: Ich lasse mir nicht alles gefallen. Aber ich bleibe bei mir und meiner freundlichen Haltung und lasse mich nicht provozieren.

Freundlichkeit verlangt, dass ich in jedem Menschen einen möglichen Freund sehe. Dieser Mensch wird zwar nie mein Freund für immer werden. Aber jetzt, in diesem

Augenblick, da ich ihm begegne, da ich ihm Auskunft gebe, da ich ihn anspreche, gehe ich mit ihm um wie mit einem Freund. In diesem Augenblick *ist* er ein Freund. Viele, denen die Freundlichkeit zu ihrer Wesenshaltung geworden ist, werden dafür auch beschenkt. Wenn ich den Kunden freundlich anspreche, kann auch einmal ein gutes Gespräch entstehen. In diesem Augenblick entsteht Freude zwischen uns. Wir freuen uns aneinander. Wir wissen, dass wir wieder auseinandergehen werden. Aber für diesen Augenblick habe ich diesen Menschen gewonnen. Da ist eine Beziehung entstanden, die mir selbst guttut. Wenn ich mit meinen Kunden freundlich umgegangen bin, gehe ich abends zufrieden aus dem Geschäft. Es macht mir selbst Freude, freundlich mit ihnen umzugehen und immer wieder zu erfahren, dass auf einmal Beziehung entsteht, dass wir miteinander fröhlich sein und lachen können.

Fröhlich

Wenn ich durch die Fußgängerzone einer Stadt gehe und in die Gesichter sehe, begegne ich kaum fröhlichen Menschen. Da schauen die einen nur auf den Boden, um möglichst schnell zu ihrem Ziel zu kommen. Andere starren auf ihr iPhone. Aber auch dabei schauen sie nicht fröhlich aus. Auf der anderen Seite gibt es den Zwang zur Fröhlichkeit. Als ich einmal in einer Talkshow war, forderte der Assistent des Moderators alle Zuschauer auf, alles möglichst fröhlich zu nehmen und auf alles mit einem fröhlichen Lachen zu reagieren. Ich habe mich in dieser Situation nicht gut gefühlt. Ein solcher Zwang zur Fröhlichkeit ist Ausdruck von Banalität und Oberflächlichkeit. Man weigert sich, sich einem ernsten Thema zu stellen. Man will aus allem etwas Lustiges machen, um sich nicht berühren zu lassen.

Luther nannte die Freude den „Doktorhut des Glaubens". Fröhlich zu glauben, das war für ihn die Haltung eines Christen. Die Fröhlichkeit ist also nicht nur eine Sache des Gemüts, sondern eine geistliche Haltung. So drückt es Bartholomäus Helder um das Jahr 1635 in einem Lied aus: „Ich freu‘ mich in dem Herren / aus meines Herzens Grund, / bin fröhlich Gott zu Ehren / jetzt und zu aller Stund‘." Solche Fröhlichkeit ist die Antwort auf die Erfahrung, dass ich von Christus ganz und gar angenommen bin, dass ich aufhören darf, mir ständig Vorwürfe oder ein schlechtes Gewissen zu machen.

Die frühen Mönche sprechen von der Heiterkeit, von der „hilaritas" der Seele. Auch für sie ist diese Heiterkeit ein Ergebnis des spirituellen Weges. Sie ist mir nicht einfach angeboren. Wenn ich vielmehr im Vertrauen auf Gott meiner eigenen Wahrheit begegne und weiß, dass ich mit allem, was ich bin, von Gott angenommen bin, dass Gottes Liebe alles in mir durchdringen kann, dann kann ich heiter und gelassen leben.

Wenn wir einem fröhlichen Menschen begegnen, tut uns das selber gut. Der fröhliche Mensch lässt sich am Morgen nicht durch das schlechte Wetter verdrießen. Er kommt fröhlich in die Firma, während andere schon am Morgen mit schlechter Laune ankommen. Wer mit schlechter Laune die Arbeit beginnt, bei dem kann nicht viel herauskommen. Und er erlebt die Arbeit als eine Last. Wer fröhlich in die Arbeit geht, dem macht sie Vergnügen. Er lässt sich seine Fröhlichkeit auch nicht nehmen, wenn ihm etwas misslingt oder wenn er einem unzufriedenen Menschen begegnet, der ihn kritisiert oder ihn mit seiner Bitterkeit überschüttet. Der fröhliche Mensch nimmt alles leicht. Er nimmt das Bittere in seiner Umgebung durchaus wahr und verschließt seine Augen auch nicht vor dem Leid. Er lässt sich durchaus auf das Leid anderer Menschen ein. Aber er lässt sich davon nicht seine Grundstimmung von Vertrauen und Fröhlichkeit nehmen. Er wird das Harte, das ihm ein anderer erzählt, nicht durch seine Fröhlichkeit entwerten oder überspringen. Er versucht, den Leidenden zu verstehen. Aber dann findet er auf einmal Worte, die den Leidenden zum Lachen bringen. Er entdeckt das Komische auch in harten Dingen. Und so vermag der Leidende seine Situation auf einmal mit anderen Augen anzuschauen. Er vermag sich vom Leiden zu distanzieren, indem er darüber lachen kann.

Als der fröhliche Heilige wird Johannes Bosco verehrt. Schon als Jugendlicher gründet er einen „Club der Fröhlichen". Er moralisiert nicht, sondern unterhält die Jugendlichen mit seiner Fröhlichkeit, mit Seiltanzen und Zauberkunststücken. Bekannt ist sein Motto geworden: „Fröhlich sein, Gutes tun und die Spatzen pfeifen lassen." Don Bosco war aber nicht oberflächlich. Er baute ein riesiges Werk für seine Jugendlichen auf: Werkstätten, Wohnheime und Schulen. Seine Fröhlichkeit war Ausdruck seiner Liebe zu den Menschen. Und sie war sicher auch eine natürliche Veranlagung, für die er dankbar war. Es gibt beides: die Fröhlichkeit als Grundzug eines Charakters, für den man nur dankbar sein kann – und die Fröhlichkeit als Folge eines spirituellen Weges, auf dem man sich selbst nicht so ernst nimmt. So eine zweite Fröhlichkeit war die von Papst Johannes XXIII. Sein tiefer Glaube und sein Bewusstsein, von Gott getragen zu sein und für Gott durchlässig werden zu dürfen, führte ihn zu der inneren Leichtigkeit, in der er sagen konnte: „Giovanni, nimm dich nicht so wichtig!"

Geduldig

Bei der Frage, was ihre Schwäche sei, geben viele bei einem Bewerbungsgespräch an, dass sie ungeduldig seien. Doch sie sehen das in Wirklichkeit gar nicht als Schwäche und gehen davon aus, dass auch die anderen das nicht tun. Ungeduld gilt heute als typisches Merkmal eines tatkräftigen Mitarbeiters, der etwas bewirken möchte, der sich nicht lange mit Unzulänglichkeiten zufriedengibt, sondern sie möglichst umgehend abschaffen will. Man gibt Ungeduld als eine „Schwäche" an, weil wir letztlich die Geduld nicht sehr hoch schätzen. Man fühlt sich da an den Goethe'schen Faust erinnert, der sich gegen alles Vorgegebene empört mit den Worten: „… und Fluch vor allem der Geduld". Romano Guardini nennt Faust den „Ewig-Unerwachsenen", weil er die Wirklichkeit nicht so nimmt, wie sie ist: „Immer steht er im Protest gegen das Schicksal, während doch die Reife des Menschen damit anfängt, dass er das, was ist, annimmt. Daraus kommt ihm erst die Kraft, es zu ändern und zu formen" (Guardini, Tugenden 44). Der ungeduldige Faust – so meint Guardini – ist „ein Phantast, der nie erwachsen wird". Zum Erwachsensein, zum Reifsein gehört die Geduld mit der Wirklichkeit. Nur so kann sich die Wirklichkeit wandeln. Geduld ist das Annehmen und Aushalten der Wirklichkeit. Am geduldigen Annehmen der Realität reife ich zu dem einmaligen Menschen, als den Gott mich geschaffen hat. Wir möchten gerne unsere Selbstwerdung ohne die Realität unserer Lebenssituation oder unserer Umwelt erreichen. Doch es geht nur durch das geduldige Sicheinlassen auf die Wirklichkeit, die uns vorgegeben ist. Es geht um die Verwandlung unserer Wirklichkeit, damit sie mehr und mehr vom Geist Gottes durchdrungen wird.

Geduld ist keine moderne Tugend. Sie beginnt damit, dass ich mit der Wirklichkeit Geduld habe, so wie ich sie vorfinde. Erst wenn ich sie annehme, kann ich sie ändern. Das griechische Wort für „Geduld“, das „hypomone“ lautet, meint das „Drunterbleiben“, das Standhalten. Geduld ist die Kraft, einer schwierigen Situation standzuhalten, anstatt gleich aufzugeben. Das ist nicht etwas rein Passives. Wir assoziieren mit Geduld oft den geduldigen Leider, der sich nicht aufbäumt und wehrt, sondern alles passiv annimmt. Das mag im lateinischen Wort für „Geduld“, „patientia“, anklingen. Doch „patientia“ hat auch mit Leidenschaft zu tun. Positiv verstanden ist die Geduld eine Kraft, die dem Leiden standhält, die „drunterbleibt“ und es trägt. Nur so kann es sich wandeln. Geduld kann so auch ein aktives Widerstehen bedeuten: Ich gebe nicht nach, ich halte die Wirklichkeit aus, bis sie sich wandelt.

Geduld zu haben heißt vor allem, mit den Menschen Geduld zu haben. Ein Vater, eine Mutter, die keine Geduld mit den Kindern hat, sind keine guten Erzieher. Es braucht Geduld, damit die Kinder in die Gestalt hineinwachsen, die ihnen entspricht. Und wir brauchen Geduld mit den Menschen, mit denen wir zusammenleben. Wir meinen, sie müssten doch endlich das leben, was sie uns versprechen. Doch sie bleiben immer dahinter zurück. Geduld und Hoffnung gehören zusammen. Ich habe Geduld mit dem anderen, weil ich darauf hoffe, dass das, was ich noch nicht an ihm sehe, irgendwann einmal zur Entfaltung kommen wird. Paulus hat im Römerbrief die Verbindung so gesehen: „Bedrängnis bewirkt Geduld, Geduld aber Bewährung, Bewährung Hoffnung. Die Hoffnung aber lässt nicht zugrunde gehen“ (Röm 5,3–5). Diese Worte zeigen, dass Paulus in der Geduld eine Kraft gesehen hat, die uns befähigt, durch Bedrängnisse, in die wir durch Menschen geraten, hindurchzugelangen und die Hoffnung nie aufzugeben. Es gibt kein Zusammenleben ohne Geduld. Das gilt für die Ehe genauso wie für eine klösterliche Gemeinschaft. Der hl. Benedikt fordert daher die Mönche auf: „Ihre körperlichen und charakterlichen Schwächen sollen sie mit unerschöpflicher Geduld ertragen“ (RB 72,5). Natürlich heißt das nicht, dass die Mönche nicht bestrebt sein sollen, auf dem spirituellen Weg auch menschlich zu reifen. Aber bei allem Bemühen bleibt immer noch die Durchschnittlichkeit des Einzelnen. Und eine Gemeinschaft hält es nur aus miteinander, wenn diese Geduld in ihr geübt wird.

Geduld mit den anderen kann ich aber nur haben, wenn ich auch mit mir selbst geduldig bin. Viele Menschen sind ungeduldig mit sich. Sie haben schon so oft versucht, ihre Empfindlichkeit zu überwinden, ihre Unbeherrschtheit abzulegen. Aber immer wieder reagieren sie auf Kritik empfindlich. Und immer wieder platzt ihnen der Kragen. Danach tut es ihnen leid. Aber sie können es einfach nicht abstellen. Da werden sie oft ärgerlich und ungeduldig. Sie meinen, die Fehler müsse man doch einfach abstreifen können. Doch häufig steckt hinter dieser Ungeduld die Weigerung, sich selbst anzunehmen mit seinen Fehlern und Schwächen. Die Kirchenväter sagen: Nur was ich angenommen habe, kann ich verwandeln. Hinter der Ungeduld steckt also oft die Unfähigkeit, sich selbst zu akzeptieren. Sich selbst akzeptieren heißt nicht, dass ich immer so bleibe und nichts an mir ändern kann. Ich kann etwas ändern, aber nur, wenn ich die Demut aufbringe, mich so anzunehmen, wie ich bin, und in Geduld immer wieder zu ertragen, dass ich meine Fehler nicht einfach ablegen kann wie ein schmutziges Kleid. Es braucht Geduld, immer wieder zu erleben, dass die heiligsten Vorsätze in kurzer Zeit durch die Realität meiner eigenen Begrenzung außer Kraft gesetzt werden. Immer wieder braucht es Geduld, von Neuem anzufangen, nie aufzugeben und so langsam weiter zu wachsen in die Reife hinein, die Gott mir zugedacht hat. Angelus Silesius mahnt auch zur Geduld mit uns selbst: „Freund, habe doch Geduld; wer für dem Herrn soll stehn, / der muss vor vierzig Jahr in der Versuchung gehn." Angelus Silesius hat offensichtlich erfahren, dass die Ruhe vor Gott nicht durch ein kurzes Innehalten zu erreichen ist. Vor der Ruhe steht die Versuchung und die Bedrängnis. Vierzig Jahre lang müssen wir in der Versuchung unseren Weg gehen. Wir werden immer wieder angefochten, wir fallen und stehen auf. Dann stehen wir in Ruhe vor Gott.

Doch sobald wir weitergehen, geht es weiter mit dem Fallen und Aufstehen, bis wir im Tod für immer in Gott zur Ruhe kommen und vor ihm stehen werden.

Gelassen

Zu den gesuchten Vorzügen im Anforderungsprofil eines Bewerbers in einem Wirtschaftsunternehmen gehört nicht gerade die Haltung der Gelassenheit. Firmen suchen heute durchsetzungsstarke und aggressive Menschen, die ehrgeizig und ungeduldig sind, die etwas anpacken, die alte Strukturen der Firma verändern und neue Wege finden wollen. Von einem gelassenen Bewerber, so scheint es, kann man in dieser Hinsicht nicht viel erwarten. Und doch: Das Wort ist bei den meisten Menschen positiv besetzt. Es gibt heute auch eine große Sehnsucht nach Gelassenheit. Wir fühlen uns oft genug als Sklaven, die ständig die Erwartungen anderer zu erfüllen haben. Wir sind Sklaven unserer eigenen Ansprüche an uns selbst geworden. Wir setzen uns immerfort unter Druck, noch besser zu werden, noch mehr zu leisten, uns nach außen hin noch origineller darzustellen. Gelassenheit ist ein Gegenprogramm gegen die Hektik des Alltags und gegen das Bild des Machers, das heute viele Menschen in sich tragen.

Mit Gelassenheit verbinden wir eine Haltung, in der uns nichts so leicht aufzuregen vermag. Ich gehe gelassen in eine Sitzung, ohne Angst, was da kommen mag. Ich habe meine Angst losgelassen. Ich bin frei von dem Druck, alles perfekt machen zu müssen. Gelassenheit ist eine innere Freiheit. Ich habe mich befreit von dem Grübeln, wie die Sitzung oder die Begegnung oder die Prüfung ablaufen könnte. Ich habe die Überlegungen, wie ich auf andere wirke, wie ich alles richtig machen könnte, losgelassen, um mich einzulassen auf das, was kommt. Ich bin frei für den Augenblick, frei für das, was gerade auf mich zukommt.

Gelassenheit setzt Loslassen voraus. Die Weisen aller Zeiten raten uns, unser Anhaften an die Dinge loszulassen. Ich soll es aufgeben, am Besitz zu hängen oder ständig um meine Sorgen für die Zukunft zu kreisen. Es gilt, die Sorge um die Gesundheit loszulassen. Ich soll auch meinen Erfolg loslassen, meine Fixierung auf meine Karriere und meine Geltung bei anderen Menschen. Gelassenheit verlangt eine innere Aufgabe. Und diese Aufgabe ist nicht so einfach. Denn indem wir versuchen, unsere Anhänglichkeit an die Dinge dieser Welt loszulassen, merken wir, wie sehr wir daran hängen, wir sehr wir unsere Existenz auf Dingen aufgebaut haben, die letztlich doch nicht tragen.

Die Römer benennen die Haltung der Gelassenheit mit dem stoischen Begriff „aequo animo". Der Mensch soll alles, was er tut, mit Gleichmut tun, mit einer Seele, die im Gleichgewicht ist, die sich nicht so leicht hin- und herzerren lässt, die sich nicht aus der Balance bringen lässt. Der hl. Benedikt verlangt vom Cellerar, dem wirtschaftlichen Leiter des Klosters, dass er „aequo animo" seine Aufgabe verrichte. Er soll sich nicht aus der Ruhe bringen lassen. Das ist leichter gesagt als getan. Es verlangt die Haltung, mein Haften an den Dingen, meinen Ehrgeiz, meine Geltungssucht, meine Empfindlichkeit loszulassen. Dann werde ich mich von den Turbulenzen um mich herum nicht aus der eigenen Mitte reißen lassen. Ich bin gelassen, anstatt mich von außen bestimmen zu lassen.

Meister Eckehart, der große deutsche Mystiker, hat die Gelassenheit als die große spirituelle Tugend beschrieben. Zur Gelassenheit gehört es auch, dass wir Gott lassen sollen. Wir sollen unsere Bilder von Gott loslassen. Wie wir uns Illusionen über uns selbst gemacht haben, so auch über Gott. Wir haben uns Bilder von Gott zurechtgelegt, die uns dienen. Wir benutzen Gott, damit es uns gut geht, damit wir uns über andere stellen oder damit wir uns sicher fühlen. Gelassenheit meint für Meister Eckehart, dass wir all unsere Bilder von Gott loslassen, damit Gott als Gott erscheinen kann. Es ist der unverfügbare Gott, der sich unserem Zugriff entzieht und unser Begreifen übersteigt. Nur wer seine Bilder von Gott losgelassen hat, vermag dem unbegreiflichen und ganz anderen Gott zu begegnen, dem Gott, der seine Sehnsucht wirklich zu erfüllen vermag.

Gelassenheit haben vor allem die chinesischen Weisen gepredigt. Sie glauben daran, dass das Eigentliche entsteht, wenn wir unsere eigenen Absichten loslassen. Sie sind einverstanden mit dem Tao, einverstanden mit dem Leben. Sie dienen dem Leben, damit es sich so entfalten kann, wie es von Gott her gedacht ist. Sie verzichten darauf, das Leben nach den eigenen Vorstellungen zurechtzubiegen. Tschuang-tse sagt von den alten Weisen, die die Gelassenheit verkörperten: „Sie nahmen alles, wie es kam. Völlig heiter nahmen sie den Tod an, ohne Jammern, und gingen fort, dorthin, nach drüben."

Darin sind sich die Weisen aller Religionen einig: Dieses Ideal wird nur der erreichen, der in innerer Freiheit allem begegnet, was auf ihn zukommt.

Viele stehen unter dem Druck, alles ändern zu müssen. Sie meinen, sie seien so, wie sie sind, nicht gut. Sie denken: Nur wenn ich mich verändere, werde ich akzeptiert. Und sie handeln nach der Devise: Die Welt ist nicht gut. Sie muss verbessert werden. Die Haltung der Gelassenheit sagt etwas anderes: Lasse die Dinge so, wie sie sind. Akzeptiere sie. Meditiere dich in die Dinge hinein. Erst dann kannst du sie behutsam berühren und gestalten. Der gelassene Menschen lässt das Leben, wie es ist. Er lässt sich selbst so, wie er ist. Was er zu tun hat, ist: darauf zu achten, dass die ursprüngliche Gestalt, die Gott ihm gegeben hat, in ihm heranwachsen kann, dass er immer mehr zu dem wird, der er im Grunde ist. Er muss nicht ständig an sich herumändern. Er ist schon gut. Das Gute ist schon da. Es braucht nur noch durchzubrechen durch all die Hüllen, die es verstellen.

Genügsam

Was ist genug? Wie ist das rechte Maß zu finden zwischen „zu viel“ und „zu wenig“? In einer Welt der Fülle, in der alles ausreichend vorhanden ist, in der man sich schon im Supermarkt oft erschlagen fühlt von dem reichhaltigen Angebot, ist die Haltung der Genügsamkeit ein Gegenentwurf. Für viele klingt das Wort „Genügsamkeit“ wie ein Relikt aus früheren Zeiten. Aber gerade heute, da wir in Gefahr sind, uns vor lauter Konsum zuzustopfen und den Zugang zum eigenen Herzen zu verlieren, wäre sie eine Haltung, die uns gut leben lässt. Dem Wegweiser zu folgen, der uns den Weg zur Genügsamkeit weist, täte uns heute gut. Aber es braucht Mut, diesem Wegweiser zu folgen. Denn die Wegweiser, die uns in die andere Richtung des „immer mehr“ führen, erscheinen viel attraktiver.

Genügsam ist der Mensch, der nicht immer mehr will. Er ist zufrieden mit dem, was ihm angeboten wird. Es ist ihm genug, was ihm geschenkt wird. Er strebt nicht nach Höherem. Das bedeutet nicht, dass er sich das Leben bequem macht, sondern dass er zufrieden ist mit dem, was ihm das Leben an Möglichkeiten bietet. Er ergreift die Möglichkeiten gerne. Aber er schielt nicht nach den Möglichkeiten, die das Leben anderen bietet.

Für mich ist Genügsamkeit aber noch etwas anderes. Ich erlebe viele Menschen, die in der Kindheit die Botschaft empfangen haben: Ich genüge nicht. Es ist nie genug, was ich tue. Ich genüge nicht den Erwartungen der Eltern, nicht den Erwartungen der Lehrer. Ich kann es keinem recht machen. Ich bin nicht gut genug. Viele leiden unter dieser Botschaft ein Leben lang. Alles, was sie tun, ist nicht nur in den Augen der anderen, sondern auch in ihren eigenen Augen ungenügend. Sie genügen nicht den eigenen Ansprüchen. Solche Menschen überfordern sich ständig. Und sie sind nie zufrieden mit dem, was sie tun. Sie verbrauchen sehr viel Energie mit dieser Botschaft: „Ich genüge nicht". Daher ist die Haltung der Genügsamkeit auch eine heilende Haltung. Ich gebe erst einmal die Ansprüche an mich selbst auf. Ich vertraue darauf, dass ich dem Bild genüge, das Gott sich von mir gemacht hat. Ich vertraue darauf, dass ich meinen eigenen Ansprüchen genüge. Und wenn das alte Lebensmuster wieder hochkommt, dann frage ich mich: Wem muss ich denn genügen? Wer sagt denn hier, was genug und was ungenügend ist? Wer verteilt hier die Noten? In der Schule hat man ja früher eine Sechs mit „ungenügend" umschrieben. Eine Fünf war „mangelhaft". Wer eine Sechs hat, ein „ungenügend", der fällt durch.

Genügsam sein heißt nicht, dass ich mich nicht bemühe, mich zu entwickeln. Ich arbeite an mir, ich entfalte meine Fähigkeiten. Aber ich verzichte auf die ständige Selbstverurteilung: „Es ist nicht gut genug, was ich tue." Ich tue, was ich kann. Ich strenge mich an. Ich habe Lust, mich weiterzuentwickeln. Aber ich höre auf, mich ständig zu bewerten oder zu benoten. Vor allem höre ich auf, mich und mein Tun und meine Leistung mit „ungenügend“ zu bewerten.

Es gibt Menschen, die am Abend nie aufhören und ihr Tagwerk nicht beenden können: Im Haushalt gibt es immer noch etwas zu tun, oder es gilt, den Schreibtisch aufzuräumen oder noch die oder jene Arbeit zu erledigen. Für solche Menschen ist es durchaus eine Tugend, es am Abend genug sein zu lassen. Ich gehe zu einer bestimmten Zeit ins Bett und sage mir: Ich habe genug getan. Es ist genug. Ich muss nicht noch mehr tun. Ich muss mir mein Maß setzen, mit dem ich dann auch genug habe. Wer abends das Gefühl hat, nicht genug getan zu haben, der kann nicht gut schlafen. Der macht sich ständig Selbstvorwürfe. Genügsam zu sein heißt, etwas aufhören und sich in aller Ruhe sagen zu können: Es ist genug für heute.

Genügsamkeit braucht es bei vielen Gelegenheiten. Das beginnt schon beim Essen. Auch da können manche nicht aufhören. Der Genügsame genießt das Essen, er genießt den Wein. Aber er erkennt auch den Augenblick, in dem er sagen kann: Es ist genug. Ich kenne Menschen, denen es bei einer Feier nie lange genug dauert. Sie haben kein Gespür dafür, wann es genug ist. Sie meinen, sie müssten immer noch länger bleiben. Da ist es eine Wohltat, wenn einer seinem Gefühl traut: Es war schön, heute Abend mit meinen Freunden zu feiern. Aber es ist jetzt auch genug. Ich lasse es genug sein. Dann gehe ich mit einem guten Geschmack nach Hause. Wer die Grenze des „genug“ nicht kennt, der wird für seine Gastgeber oft eine Last. Man traut sich nicht, den Gästen zu vermitteln, dass man jetzt eigentlich das Fest beschließen möchte. Und so sitzt man noch zusammen. Doch es kommt nichts mehr dabei heraus. Wer genügsam ist, wer ein Gespür für das „genug" hat, der kann die Zeit, die für ihn genug ist, auch genießen, und er wird für seine Gastgeber zum Segen.

Aber auch über den privaten Bereich hinaus ist die Haltung der Genügsamkeit wichtig, ja zukunftsträchtig. Der lateinamerikanische Befreiungstheologe Jon Sobrino hat seine Vision von einer gerechteren Welt einmal auf den Begriff gebracht: „Wir brauchen eine Zivilisation geteilter Genügsamkeit". Damit meinte er, dass der Reichtum der Erde gerechter aufgeteilt werden müsse und dass auch wir uns in den reichen Ländern in unserem Lebensstil einschränken müssen.

Gerecht

Gerechtigkeit klingt für uns wie ein juristischer und kalter Begriff. Doch wenn wir uns ungerecht behandelt fühlen, dann sehnen wir uns nach Gerechtigkeit. Die Chancen im Leben sind tatsächlich keineswegs fair und gerecht verteilt. Die Reichen werden immer reicher und die Armen immer ärmer. Menschen, die hart arbeiten, können sich oder ihre Familie kaum von ihrer Arbeit ernähren. Viele fühlen sich benachteiligt: von den Behörden, von der Verwaltung, von der Krankenkasse, vom Arbeitgeber. Trotz aller Versprechen schafft die Politik keine gerechte Verteilung der Chancen und Güter. Und gerade in einer Welt, in der die Güter ungerecht verteilt sind, in der Ungerechtigkeit zu ständigem Streit und zu Kriegen führt, spüren wir, wie uns Gerechtigkeit nottut. Eine gerechte Gesellschaft ist das Ziel aller menschlichen Utopien. Sie wird nie ganz zustande kommen. Doch ohne das ständige Streben nach Gerechtigkeit in unserer Welt wird diese Welt immer kälter und brutaler. In einer ungerechten Welt lässt es sich nicht gut leben.

Für Platon ist die Gerechtigkeit die Grundtugend, die alle anderen umschließt. Sie ist zunächst einmal Gerechtigkeit mir selbst gegenüber. Ich werde meinem Leib, meiner Seele und meinem Geist gerecht. Ich werde meinem Wesen gerecht. Ich lebe wesensgerecht, richtig, aufrecht, aufgerichtet. Wenn ich mir gerecht werde, bin ich auch fähig, dem anderen und seinem Wert gerecht zu werden. Gerechtigkeit ist immer auch soziale Gerechtigkeit. „Suum cuique" sagen die Lateiner: jedem das Seine geben, das, was ihm gebührt, was ihm gerecht wird. Gerechtigkeit meint daher gerechte Güterverteilung, gerechte Chancenverteilung, gerechten Lohn. Ohne Gerechtigkeit gibt es keinen Frieden: „Wer Gerechtigkeit sät, wird Frieden ernten", sagt ein Theologe. Wo keine Gerechtigkeit herrscht, gibt es viele Reibungsverluste. In einer Firma, in der ungerechte Verhältnisse herrschen, wird viel Energie mit ungerechten Spielchen vergeudet.

Doch es gibt keine absolute Gerechtigkeit. Jesus preist die selig, die hungern und dürsten nach der Gerechtigkeit. Alle Eltern wollen ihre Kinder gerecht erziehen. Und doch höre ich oft in der Begleitung: „Mein Bruder, meine Schwester ist mir von meinem Vater, von meiner Mutter vorgezogen worden. Ich fühle mich ungerecht behandelt." Wir müssen uns immer wieder bemühen, dem anderen Menschen gerecht zu werden. Und wir sollen für die soziale Gerechtigkeit kämpfen. Gerechte Strukturen sind notwendig, damit es Frieden gibt in einer Firma, in einer Gesellschaft, in der ganzen Welt.

Die Bibel singt immer wieder das Lob der Gerechtigkeit. Ich möchte nur einen Vers aus den Sprichwörtern zitieren. Dort heißt es: „Der Pfad der Gerechten ist wie das Licht am Morgen; es wird immer heller bis zum vollen Tag" (Spr 4,18). Im Neuen Testament ist Josef das Vorbild des gerechten Menschen. Aber er achtet nicht so sehr auf eine abstrakte Gerechtigkeit. Er wird Maria gerecht in ihrer Situation. Und er verbindet Gerechtigkeit und Barmherzigkeit miteinander. Lukas schildert Jesus als den wahrhaft gerechten Menschen. Er bezieht sich mit seiner Schilderung Jesu auf einen Text bei Platon. Platon hatte in der *Politeia* – 400 Jahre vor Christus – gefragt: Wie wird es wohl einem wahrhaft gerechten Menschen in unserer ungerechten Welt ergehen? Und er antwortet selbst: „Man wird ihn aus der Stadt hinaustreiben, ihn blenden und ans Kreuz schlagen." Daher sagt der Hauptmann unter dem Kreuz bei Lukas: „Das war wirklich ein gerechter Mensch" (Lk 23,47). Jesus erfüllt die Sehnsucht nach dem wahrhaft gerechten Menschen. Und indem wir auf diesen gerechten Menschen Jesus am Kreuz schauen, werden wir selbst gerecht, ausgerichtet auf die Liebe hin und auf die Vergebung. Im Schauen auf den gerechten Jesus, der sich auch von der Ungerechtigkeit seiner Mörder nicht aus seiner Liebe hinaustreiben und von seinem Wesen entfremden ließ, kommen wir mit der eigenen Gerechtigkeit in Berührung. Wir werden verwandelt und fähig, richtig zu leben.

Schon die Propheten haben sich nach dem wahrhaft gerechten Menschen gesehnt. In der Adventszeit singen wir im Anschluss an Jes 45,8: Die Himmel mögen den Gerechten tauen und die Wolken ihn herabregnen. In der Menschwerdung Jesu soll erfüllt werden: „Die Erde tue sich auf und bringe das Heil hervor, sie lasse Gerechtigkeit sprießen" (Jes 45,8). Und der Prophet Jesaja verheißt uns das künftige Heil mit dem Bild: „Dein Volk besteht nur aus Gerechten; sie werden für immer das Land besitzen als aufblühende Pflanzung des Herrn, als das Werk seiner Hände, durch das er seine Herrlichkeit zeigt" (Jes 60,21). Die Propheten prangern aber auch die ungerechten Zustände ihrer Zeit an und setzen sich für soziale Gerechtigkeit ein. So ist es auch heute unsere Aufgabe, uns selbst und den Menschen um uns herum gerecht zu werden, aber auch einen Blick für soziale Gerechtigkeit zu haben und uns dafür einzusetzen, dass in unserer Welt gerechte Strukturen herrschen, die dem einzelnen Menschen gerecht werden. Die Gerechtigkeit beginnt damit, dass wir unserem eigenen Wert gerecht werden. Aber daraus muss auch folgen, dass wir der Würde des anderen gerecht werden, anstatt ihn zu entwerten. Und es folgt daraus, dass wir uns für die Gerechtigkeit in unserer Welt einsetzen, ohne uns dabei wie Michael Kohlhaas zu verrennen. Wer absolute Gerechtigkeit will, der wird selbst ungerecht werden. Die Lateiner haben das in die Worte gefasst: „Fiat iustitia, pereat mundus." Man könnte es so übersetzen: Hauptsache, es geschieht Gerechtigkeit, auch wenn dabei die ganze Welt zugrunde geht. Da wird die Gerechtigkeit verabsolutiert. Dann werden wir dem Menschen nicht mehr gerecht, sondern folgen einer abstrakten Gerechtigkeit, die letztlich Unrecht schafft.

Gewaltlos

Unsere Medien führen uns täglich die Gewalt vor Augen, die in unserer Welt geschieht – nicht nur in fernen Ländern, sondern auch in unserer unmittelbaren Umgebung. Da sind die brutalen IS-Kämpfer und weltweite Terrorakte, aber auch gewalttätige Kriegsgegner. Auch die Gewalt in unserem näheren Umfeld oder im persönlichen Bereich gibt es. In unseren Schulen haben die Lehrer darum zu kämpfen, dass die Gewalt unter den Schülern eingedämmt wird. Und es gibt die häusliche Gewalt. Viele Kinder erfahren Gewalt, die sie für ihr Leben traumatisiert. Und viele Frauen erfahren durch ihre Männer Gewalt. Gewalt ist nicht nur schrecklich und abstoßend. Sie hat offensichtlich auch eine Faszination. Viele Filme verherrlichen die Gewalt. Wenn ich im Flugzeug fliege, sehe ich rings um mich herum die Leute ständig Filme anschauen, in denen geschossen, geschlagen, getötet und zerstört wird. Da scheint das Sprechen von Gewaltlosigkeit wie eine fromme, naive Utopie. Und doch: Wir kennen ja nicht nur den tödlichen Teufelskreis von Gewalt und Gegengewalt, sondern auch die Helden der Gewaltlosigkeit: Gandhi, Nelson Mandela, Martin Luther King. Ihr Vorbild hat die Welt verändert. Aber wenn Jesus die Gewaltlosen seligpreist, gilt das nicht nur im politischen Bereich, sondern im Leben jedes Einzelnen. Gerade weil wir heute unter der Gewalt leiden, müssen wir uns Gedanken machen über die Gewaltlosigkeit. Wie können wir Konflikte heute gewaltlos lösen? Wie können wir eine gewaltlose Kommunikation lernen?

Bevor ich etwas zur Gewaltlosigkeit sage, möchte ich kurz das Thema Gewalt anschauen. Was das Wort bedeutet, zeigt uns ein Blick auf seine Herkunft. Das deutsche Wort „Gewalt" kommt von „walten", und das wiederum ist verwandt mit dem lateinischen Wort „valere" („vermögen", „gesund sein"). Gewalt meint also ein Können, eine Fähigkeit, etwas zu gestalten. Und zugleich hat sie mit Gesundheit zu tun, mit „richtig sein". Später hat man Gewalt mit dem lateinischen Wort „potestas" verbunden, das eine Macht anzeigt und eine Herrschaftsbefugnis. Aber auch dieses Wort für die Macht hat mit „posse" („können") zu tun. Das dritte Wort, das man mit Gewalt verbunden hat, ist „vis" („Zwang") – und davon abgeleitet „violentia" („verletzende Gewalt", „Gewalttätigkeit"). Die Gewaltlosigkeit verzichtet auf die Gewalttätigkeit. Aber sie ist nicht ohne Kraft, nicht ohne Macht. Im Gegenteil, gerade der gewaltlose Widerstand, wie ihn Gandhi und dann später Martin Luther King propagiert und praktiziert haben, hat eine große Macht, eine starke Wirkung entfaltet.

Das Gegenteil von Gewalt ist Gewaltlosigkeit. Gewaltlosigkeit ist der Ausdruck von Liebe. Die Liebe hat eine große Macht. Sie kann die Welt verändern. Und Liebe ist immer gewaltlos. Aber die gewaltlose Liebe ist keine passive Liebe, die sich mit allem Unrecht abfindet. Sie ist vielmehr eine Liebe voller Kraft, die auch gegen das Unrecht in der Gesellschaft kämpft. Aber sie kämpft mit gewaltlosen Mitteln. Wir wissen aus der Geschichte: Gewalt erzeugt immer Gegengewalt. Wenn ich einen Feind mit Gewalt besiegen will, wecke ich seine Gegengewalt. Und der Umgang mit den Terroristen zeigt, dass das zu einer Spirale ohne Ende werden kann. Der Fall der Mauer im geteilten Deutschland, der Sieg über die Apartheid in Südafrika, die Tatsache, dass in den USA gleiche Rechte für Schwarz und Weiß juristisch durchgesetzt werden konnten – all das zeigt, dass Gewaltlosigkeit durchaus eindrucksvolle Erfolge für sich verbuchen kann.

Obwohl mir bewusst ist, wie sehr die politische und die persönliche Dimension zusammenhängen und in einer Wechselwirkung stehen, möchte ich im Folgenden weniger über Gewaltlosigkeit im politischen Bereich schreiben als vielmehr etwas über die Bedeutung dieser Haltung im persönlichen Bereich sagen. Jesus preist die Gewaltlosen selig: „Selig, die keine Gewalt anwenden; denn sie werden das Land erben" (Mt 5,4). Das griechische Wort, das hier zugrunde liegt, kann man auch mit „gütig" oder „sanftmütig" übersetzen. Doch ich möchte der Einheitsübersetzung folgen, die den Aspekt der Gewaltlosigkeit hervorhebt.

Oft üben wir gegen uns selbst Gewalt aus. Ich erlebe in der geistlichen Begleitung immer wieder Menschen, die sehr gewalttätig mit sich selbst umgehen. Sie wüten gegen sich selbst, weil sie sich nicht annehmen können. Sie sind erbost, dass sie so sind, wie sie sind. Letztlich ist die Ursache dieser Gewalttätigkeit sich selbst gegenüber die Angst. Diese Menschen haben Angst vor dem Vulkan, der in ihrer Seele verborgen ist. Sie möchten diesen Vulkan mit Gewalt unter Verschluss halten. Sie haben Angst vor der Aggression, die in ihnen unterdrückt ist. Wenn sie die Aggression zulassen, könnte sie maßlos werden. Und sie könnten in ihrem Jähzorn alles kurz und klein schlagen. So versuchen sie, diesen Jähzorn mit Gewalt zu unterdrücken. Oder sie haben Angst, dass sie versumpfen. Ich habe einen jungen Mann begleitet, der seit seiner frühen Kindheit immer das Gefühl hatte: „Ich versumpfe." Daher musste er sehr gewaltsam mit sich umgehen, sich ein hartes und enges Korsett umschnallen, damit er nicht versumpft. Doch irgendwann wird diese Gewalt sich selbst gegenüber den Menschen unfähig machen, mit anderen gut zu kommunizieren. Er wird auch hart gegen andere. Er möchte anderen gegenüber korrekt sein. Aber da er gewalttätig mit sich selbst umgeht, merkt er gar nicht, wie seine Härte und seine aggressive Haltung den Menschen in ihrer Umgebung wehtun, wie er letztlich auch Gewalt gegen sie ausübt. Oft zeigt sich diese Gewalt in einer spalterischen Kraft. Weil die Menschen in sich gespalten sind und das Abgespaltene in sich selbst bekämpfen, spalten sie auch die Menschen um sich herum. Sie teilen die Menschen ein in Fans und Feinde.

Eine Form der Gewalttätigkeit beobachten wir bei psychisch kranken Menschen, vor allem bei „Borderline-Klienten". Sie verletzen sich selbst. Sie schneiden sich in die Arme oder in den Bauch. Manchmal ist die Selbstverletzung eine Art Selbstbestrafung. Manchmal ist es aber auch ein Ausweg, um sich überhaupt spüren zu können. Weil diese Menschen sich der Liebe der anderen nicht bewusst sind, weil sie die Liebe der anderen und die eigene Liebe nicht spüren können, müssen sie sich verletzen, müssen sie gewaltsam gegen sich vorgehen, um sich überhaupt spüren zu können. Doch das ist natürlich kein guter Umgang mit sich selbst.

Was heißt das dann: gewaltlos mit sich selbst umgehen? Es bedeutet zunächst: das, was in mir ist, nicht bewerten, sondern es liebevoll anschauen. Aber Gewaltlosigkeit im Umgang mit mir selbst bedeutet nicht, dass ich alles so lasse, wie es ist. In meiner gewaltlosen Liebe zu mir steckt durchaus ein Potenzial der Verwandlung. Ich möchte ja auch an mir arbeiten, mich gestalten. Ich möchte innerlich weiterkommen. Das war das Ziel von Askese. Askese heißt eigentlich: Übung, Training. Ich arbeite an mir, ich trainiere mich, sodass ich in meiner Menschlichkeit, meiner Reife und meiner Spiritualität weiterkomme. Aber manche haben Askese auch als Gewalttätigkeit verstanden. Sie haben in ihrer Askese gegen sich selbst gewütet, sich selbst bekämpft. Doch dann erzeugten sie immer eine Gegenkraft. Sie haben ihre Angst bekämpft. Aber je mehr ich gegen meine Angst kämpfe, desto stärker wird sie. Gewaltlos mit der Angst umgehen bedeutet: mit ihr sprechen, sich mit ihr aussöhnen, dann wird sie zu einer Freundin, die mich weiterführt.

Heute gibt es ja zahllose Strategien der Selbstveränderung. Viele Ratgeberbücher zielen darauf ab, sich zu ändern. Doch in dem deutschen Wort „Veränderung“

steckt etwas Aggressives und Gewalttätiges: Ich bin so, wie ich bin, nicht gut. Ich muss alles an mir verändern. Ich muss ein anderer werden, aus mir einen anderen machen. Der christliche Begriff ist dagegen „Verwandlung“. Verwandlung geht davon aus, dass alles in mir sein darf und dass alles in mir gut ist. Aber es ist noch nicht das Eigentliche durchgebrochen. Durch das Material meines Lebens, in meiner bisherigen Lebensgeschichte ist noch nicht die eigentliche Gestalt, das ursprüngliche Bild, das Gott sich von mir gemacht hat, zum Vorschein gekommen. In der Verwandlung kämpfe ich nicht gegen mich, ich halte vielmehr alles, was in mir ist, Gott hin und vertraue darauf, dass er das, was in mir ist, verwandelt in das einmalige und klare Bild, das er sich von mir gemacht hat. Verwandlung heißt immer, dass ich das, was ist und bisher war, würdige. Wenn ich es – wie das oft bei der Veränderung geschieht – abwerte und entwerte, entwerte ich mich letztlich selbst.

Jesus verheißt denen, die gewaltlos sind, dass sie das Land erben, dass sie das Land besitzen. Das ist für mich ein schönes Bild. Wer gewaltsam mit sich selbst umgeht, wird sich selbst nie besitzen. Er wird immer in Feindschaft mit sich selber leben und daher letztlich immer innerlich gespalten sein. Er wird nicht das gesamte Land seines Leibes und seiner Seele besitzen. Er wird nur in einem kleinen Bereich seiner Seele wohnen. Der andere Bereich ist ihm verschlossen. Nur wenn er gewaltlos mit sich umgeht, vermag er das ganze Land seiner Seele zu bewohnen und zu besitzen. Er wird sich selbst in Besitz nehmen. Und das gilt auch für den gewaltlosen Umgang in der Gesellschaft und in der Politik. Gandhi, Martin Luther King und viele andere, die in der Politik der Gewaltlosigkeit gefolgt sind, haben erreicht, dass das Land allen gehörte. Sie haben gleichsam das Land für sich und für die Menschen, für die sie gewaltlos gekämpft haben, in Besitz genommen.

Gönnend

„Man gönnt sich ja sonst nichts“, das war einmal ein verbreiteter Werbespruch für ein alkoholisches Getränk. Konsum sollte die Leistung harter Arbeit belohnen. „Gönnend *sein*“ ist etwas anderes. In einer Welt, in der man sich heute nahezu alles gönnen kann (zumindest verspricht das die Werbung) ist eine solche Haltung ein wichtiger Wegweiser zum Leben. Gönnend leben bedeutet nicht, dass ich mir alles, was möglich ist, gönnen muss, dass ich das Geld mit offenen Händen ausgebe und verschwenderisch lebe. Gönnen hat vielmehr mit innerer Weite und Freiheit zu tun. Es ist auch eine Form der Beziehung aus Verbundenheit mit anderen, die ich als Bereicherung meines eigenen Lebens sehe und mit denen ich es gut meine. Und diese Form des Gönnens, die zu innerer Freiheit führt, ist nur möglich, wenn ich mir manches auch einmal nicht gönne, wenn ich auf einen Wunsch verzichten kann und wenn ich auch geben und mit anderen teilen kann – nicht nur Materielles, sondern auch Anerkennung, Interesse, Freude.

Wir sagen manchmal von einem missgünstigen Menschen, er gönne einem nicht die Butter auf dem Brot. Wer einem anderen etwas gönnt, den erleben wir dagegen als großzügig und wohlwollend. Er gönnt mir den Erfolg und freut sich mit mir. Er gönnt mir, dass mir etwas gelingt, dass ich von anderen Menschen anerkannt werde. Es tut einem gut, wenn einem Menschen etwas gönnen. Von ihnen geht eine Weite und ein Wohlwollen aus. Das ermöglicht es mir, mein eigenes Leben, meinen Erfolg, meine Anerkennung zu genießen. Unter missgünstigen Menschen traut man sich gar nicht, von sich selbst zu erzählen. Gönnende Menschen sind angenehmer. Mit ihnen teilt man sein Leben gerne. Ihnen kann man von sich erzählen. Wer einem anderen etwas gönnt, der ermöglicht es ihm, dankbar sein Leben anzuschauen und es auch nach außen darzustellen.

Gönnen bedeutet, dem anderen nicht berechnend gegenüberzutreten, sondern ihm etwas Gutes zu wünschen und es ihm auch zu gewähren. Das Substantiv zu „gönnen" ist „Gunst". Am mittelalterlichen Hofe haben es die Menschen genossen, wenn ihnen der Herrscher eine Gunst gewährte. Man war abhängig von der Gunst eines anderen. Gunst gewährt immer der Stärkere. Wenn ich einem anderen Gunst gewähre, dann zeige ich eine innere Stärke. Aber es darf keine Gunst von oben herab sein, sondern eine Gunst, die aus dem Herzen kommt. Wenn einer allzu gönnerhaft daherkommt, dann ist das für uns eher unangenehm. Und es führt dann zum Günstlingsunwesen. Sich Günstlinge zu erwählen war nicht nur eine Sitte im Mittelalter. Das gibt es auch heute in Firmen und Pfarreien. Da sind manche Menschen Günstlinge des Chefs. Er gönnt zwar seinem Günstling etwas, aber nicht den anderen Menschen. Da wäscht eine Hand die andere, man erwartet eine Gegenleistung und rechnet sich selber einen Vorteil aus.

Gönnen dagegen meint eine Haltung, die allen Menschen in der eigenen Umgebung das Leben gönnt.

Von manchen Menschen sagen wir: Der gönnt sich selber nichts. Er gönnt sich keinen Urlaub. Er gönnt sich nicht, mal in ein gutes Restaurant zu gehen und gut zu essen. Berühmt ist der Brief, den Bernhard von Clairvaux an Papst Eugen III. geschrieben hat. Der Papst hatte sich beklagt, dass er vor lauter Arbeit nicht zur Meditation komme. Bernhard lobt den Papst nicht wegen seiner vielen Arbeit, wegen seines Eifers in seinem Dienst für die Menschen. Vielmehr mahnt er ihn: „Gönne dich dir selbst … Sei wie für alle anderen auch für dich selbst da, oder jedenfalls sei es nach allen anderen.“ Und er führt seinen Wunsch weiter aus: „Wenn alle Menschen ein Recht auf dich haben, dann sei auch du selbst ein Mensch, der ein Recht auf sich selbst hat. Warum solltest einzig du selbst nichts von dir haben? Wie lange bist du noch ein Geist, der auszieht und nie wieder heimkehrt? (Ps 78,39). Wie lange noch schenkst du allen anderen deine Aufmerksamkeit, nur nicht dir selber?“ Es ist ein schönes Bild. Wir sollen ein Geist sein, der zu den anderen geht, der sich auf die anderen einlässt. Aber der Geist muss wieder zu sich zurückkehren, sonst verliert er sich. Wir müssen uns auch etwas gönnen. Sonst werden wir innerlich hart.

Es gibt Menschen, die den anderen gönnen, sich Zeit zu nehmen für sich selbst. Aber sich selbst gönnen sie nichts. Ich erlebe dann ihr Gönnen nicht mit einem guten Gefühl. Ich habe den Eindruck, der andere zwingt sich dazu, mir etwas zu gönnen. Dann kann ich es gar nicht genießen.

Das Gönnen erscheint mir zu gewollt. Dahinter spüre ich die unterdrückten eigenen Bedürfnisse. Nur wer sich selbst etwas gönnt, gönnt auch mir das Leben. Und dieses Gönnen gewährt mir einen Raum von Weite und Freiheit, von Lust am Leben, von Lust an dem, was mir Gott in meinem Leben schenkt. Wahres Gönnen verbinde ich immer mit einem weiten Herzen: Da ist ein Mensch, der hat ein weites Herz. Er ist offen für seine eigene Wirklichkeit. Er lässt sich selbst so zu, wie er ist. Und er lässt die anderen zu. Er vermittelt den anderen ein Gefühl von Weite und Großzügigkeit. Das enge Herz kann nicht gönnen. Es ist nicht großzügig, sondern eher kleinkariert. Es urteilt ständig über andere.

Ich wünsche mir selbst, dass ich mir und den anderen in gleicher Weise das Leben gönne. Ich muss nicht alle meine Bedürfnisse erfüllen. Es ist auch gut, von manchen Bedürfnissen bewusst Abstand zu nehmen, zumindest für den Augenblick. Das Gönnen braucht die innere Freiheit: Ich kann verzichten und genießen. Ich kann Bedürfnisse sein lassen, und ich gönne mir, ein Bedürfnis zu erfüllen, auch wenn dieses Bedürfnis nicht so spirituell ist oder nicht der Effizienz meiner Arbeit dient. Wenn ich so mit mir umgehe, dann werde ich auch den Menschen um mich herum das Leben gönnen. Dann wird nicht mein unterdrückter Neid auf deren Großzügigkeit mein eigenes Herz verengen, sodass von mir eher Härte ausgeht.

Gütig

Ein Vater erzählte mir, dass sein 15-jähriger Sohn ständig brutale Worte gebraucht. Seine Sprache ist respektlos, menschenverachtend, verletzend und hart. Wenn sein Vater ihn zur Rede stellt, dann reagiert er allergisch: Der Vater habe keine Ahnung, wie brutal die Welt sei. Er meine, er könne in seiner Familie eine heile Welt schaffen, eine Welt der Güte und Liebe. Doch das sei eine Illusion. Die Welt sei einfach so hart.

Unabhängig davon, wie zutreffend diese Beschreibung ist – die Frage ist doch, ob wir uns damit abfinden, die Härte der Welt noch durch unsere harte und verletzende Sprache zu verstärken, oder ob wir diese Welt verwandeln, indem wir die Güte leben, die uns seit 3000 Jahren große Philosophen und auch die Autoren der Bibel als Haltung des guten Menschen vor Augen führen.

Im Philipperbrief mahnt der Apostel Paulus seine Leser: „Eure Güte werde allen Menschen bekannt. Der Herr ist nahe“ (Phil 4,5). Paulus hatte die Christen aufgerufen, sich zu freuen. Doch die Freude soll sich ausdrücken in einem neuen Verhalten und in einer gütigen und angenehmen, in einer gewinnenden und faszinierenden Ausstrahlung auf die Umgebung. Der Grund dieser Ausstrahlung ist die Nähe des Herrn. Weil Christus nahe ist, weil ich in seiner

Nähe und aus seiner Nähe lebe, verändert sich meine Ausstrahlung nach außen. Wenn Christus in mein Herz eindringt, dann bringt er mich in Berührung mit der Güte, zu der mein Herz fähig ist. Für Paulus beschreibt die Güte das Wesen Jesu. Wir Christen sollen etwas von seinem gütigen Wesen ausstrahlen.

Im Epheserbrief wird die Güte gewissermaßen als Kind des Lichtes gesehen: „Das Licht bringt lauter Güte, Gerechtigkeit und Wahrheit hervor“ (Eph 5,9). Und der Autor des Epheserbriefes fordert die Christen auf: „Seid gütig zueinander, seid barmherzig, vergebt einander, weil auch Gott euch durch Christus vergeben hat“ (Eph 4,32). Wenn wir diese Worte bedenken, so erkennen wir, dass die Güte verwandt ist mit ähnlichen Haltungen wie Gerechtigkeit und Wahrheit, Barmherzigkeit und Vergebung.

Vom Wort her meint „Güte“: gut sein. Das meint nicht nur, dass ich gut mit mir selbst umgehe und aufhöre, gegen mich zu wüten und gegen mich zu kämpfen. Auch viele Christen gehen hart mit sich um. Sie verurteilen sich selbst. Und sie bestrafen sich, wenn sie ihrem eigenen inneren Ideal nicht entsprechen. Gut mit sich umgehen heißt aber: trotz aller Fehler an das Gute in sich selbst glauben, das Gute in sich hervorlocken. Wer gut mit sich selbst umgeht, der ahmt die Güte Gottes nach. Gott ist uns gegenüber gütig. Er verurteilt uns nicht. Er vergibt uns immer wieder die Schuld und ist uns gegenüber barmherzig.

Güte bedeutet aber auch, gut mit den anderen Menschen umzugehen. Diese Güte schließt immer ein, dass ich ihnen ihre Fehler nicht vorrechne, sondern bereit bin, zu vergeben. Güte verlangt immer, dass ich an das Gute im anderen glaube, dass ich ihn nicht festlege auf seine Fehler und Schwächen. Wenn ich an das Gute in ihm glaube, dann kann ich das Gute auch in ihm hervorlocken. Er wird dann selbst an das Gute in sich glauben und dem Guten mehr Raum in sich geben. Wenn ich nur seine Fehler bekämpfe, wird sich nicht viel ändern. Denn er spürt meine Verurteilung. Und dann ist seine Reaktion die Rechtfertigung und nicht die Verwandlung.

Wenn wir von einem Menschen sagen, dass er gütig sei, dann meinen wir: Er verurteilt andere nicht. Er schaut über unsere Fehler hinweg. Wir dürfen ihm auch unsere Schattenseiten hinhalten. Denn er wird uns deshalb nicht ablehnen. Er bleibt in seiner Güte uns gegenüber. Er lässt sich den Glauben an das Gute in uns nicht nehmen lassen. Er sieht mit einem guten und milden Blick auf uns. In seinem Blick liegt nichts Bewertendes oder Beurteilendes. Solche Güte eines anderen Menschen, die uns nicht bewertet, tut uns gut. Wir begegnen gerne einem gütigen Menschen. Da werden wir selbst gut und gütig uns selbst und anderen gegenüber.

Güte ist verwandt mit Milde, mit Freundlichkeit und mit Sanftmut. All diese Haltungen hängen miteinander zusammen. So sieht es auch der Apostel Paulus, wenn er schreibt: „Die Frucht des Geistes aber ist Liebe, Freude, Friede, Langmut, Freundlichkeit, Güte, Treue, Sanftmut und Selbstbeherrschung“ (Gal 5,22f). Ich möchte hier nur die beiden nahe verwandten Begriffe „Freundlichkeit“ und „Güte“ anschauen. Denn beide griechischen Worte, die hier nebeneinanderstehen, können mit „Güte“ übersetzt werden. Das erste Wort ist „chrestotes“. Dieses griechische Wort wird tatsächlich meistens mit „Güte“ übersetzt. Ursprünglich bezeichnet es die Redlichkeit und Tüchtigkeit. Doch zugleich kann es auch „Güte“, „Freundlichkeit“ und „Milde“ bedeuten. Diese Haltung wird oft dem Herrscher zugeschrieben. Er wird gelobt, wenn er milde und menschenfreundlich ist. Manchmal werfen stoische Philosophen Menschen, die diese Haltung verwirklichen, eine zu große Nachgiebigkeit vor. Das deutsche Wort „Milde“ kommt von „mahlen“. Der milde Mensch ist zermahlen und zerrieben worden in der Mühle des Lebens. Er hat schmerzliche Erfahrungen gemacht, und sie haben ihn milde gestimmt. Doch die Zartheit, Weichheit und Milde ist im griechischen Wort „chrestotes“ immer schon verbunden mit Tüchtigkeit und Tapferkeit. Der milde Mensch hat sich tapfer den Konflikten seines Lebens gestellt und sich davon aufbrechen lassen für die Haltung der Güte und Milde. Er zerfließt nicht in Milde, sondern er ist tüchtig. Er meistert aus der Haltung der Güte heraus sein Leben. Hier ist die Güte eine Kraft, die uns dazu befähigt, Gutes zu schaffen.

Ihr zur Seite stellt Paulus die „agathosyne“. Sie bedeutet letztlich etwas Ähnliches. Die Einheitsübersetzung übersetzt „chrestotes“ mit „Freundlichkeit“ und „agathosyne“ mit „Güte“. Das Wort meint die Haltung desjenigen Menschen, der auf das Gute sinnt, der Gutes im Sinne hat, der gut vom anderen denkt und gut mit ihm umgeht. Während „chrestotes“ also mehr die innere Haltung der Milde und

Güte meint, bezeichnet „agathosyne" mehr den Menschen, der auf das Gute aus ist, der rechtschaffen lebt und das Gute tut. Beide Haltungen gehören letztlich zusammen. Wer mit Milde und Güte auf sich und auf andere sieht, der lässt sich nicht von ihren Fehlern blockieren. Er setzt auf das Gute und glaubt daran, auch wenn er immer wieder enttäuscht wird. Und dieser Glaube an das Gute in jedem lockt letztlich auch das Gute im Menschen hervor.

Güte zu definieren ist nicht leicht. Ich kann sie nur umschreiben. Ich spüre, dass Güte mich anzieht und mir guttut. Aber wenn ich genau beschreiben soll, was Güte nun ist, dann komme ich ins Stammeln. Unser Herz weiß, was gütig ist. Und es nimmt bei einem Menschen wahr, ob er gütig oder hartherzig ist, milde oder verurteilend. Wir brauchen gütige Menschen, damit wir selber gütig werden zu uns selbst und zu den Menschen in unserer Umgebung. Und es tut uns selber gut, wenn wir gütig leben, wenn wir ein gütiges Wesen ausstrahlen und kein hartes.

Helfend

Wenn wir in Not sind, schreien wir um Hilfe. Da spüren wir, dass wir uns selbst nicht helfen können, und hoffen, dass uns jemand beispringt, dass uns einer seine helfende Hand reicht. Und wenn jemand in Not um Hilfe ruft, ist die spontane Reaktion, auch tatsächlich zu helfen: Ich fühle mich vom Unglück des anderen angesprochen und antworte. Dass ein Mensch für den anderen zur Hilfe werden kann, dass wir uns gegenseitig helfen, das gehört wesentlich zu unserem Menschsein. Schon Kinder spüren diesen Impuls. Und es muss gar nicht immer um dramatische Situationen gehen. Es ist einfach eine elementare Erfahrung von Gemeinschaft und Verbundenheit. „Helfen" sei nach „lieben" das zweitschönste Wort, hat jemand gesagt.

In den siebziger Jahren wurde das Helfen infrage gestellt. Das Buch *Die hilflosen Helfer* wurde zum Bestseller. Der Psychologe Wolfgang Schmidbauer hatte beobachtet, dass viele Menschen, die einen Helferberuf ausüben, selber der Hilfe bedürfen. Manche haben den Beruf auch gewählt, um sich im Helfen stärker zu spüren. Sie haben wenig Selbstvertrauen und spüren ihren eigenen Wert nur dann, wenn sie anderen helfen. Doch die berechtigten Anliegen, die Wolfgang Schmidbauer in seinem Buch zur

Sprache brachte, haben oft dazu geführt, dass man jeden Helfer verdächtigte, er würde nur helfen, um seine Macht auszuüben. Das hat manchen Helfern die Freude am Helfen genommen. Wer anderen hilft, tut sich selber etwas Gutes, sagt man. Und manchmal schwingt da unterschwellig ein Verdacht mit, als wäre das nicht richtig. Es ist aber durchaus legitim, dass der, der anderen hilft, ein gutes Gefühl dabei hat. Dieses gute Gefühl muss nicht immer das Gefühl von Mächtigkeit oder Ausdruck eines hierarchischen Verhaltens „von oben herab" sein. Vielmehr tut es auch mir einfach gut, wenn ich einem geholfen habe. Ich bin dankbar, dass durch mich ein anderer wieder aufrechter durchs Leben gehen kann. Ich helfe nicht, damit ich ein gutes Gefühl habe. Ich helfe, weil der andere Hilfe braucht. Ich vergesse im Helfen mich selber. Und indem ich mich selbst vergesse, kann ich dem anderen gut beistehen. Und gerade dieses selbstlose Helfen schenkt mir ein Gefühl von Dankbarkeit und innerem Frieden.

In der Bibel ist die Grunderfahrung des Menschen, dass er der Hilfe bedarf. Viele Psalmen rufen Gott um Hilfe an oder nennen Gott den wahren Helfer: „Steh auf und hilf uns!" (Ps 44,27). Wir beginnen jede Gebetszeit mit dem Ruf: „O Gott, komm mir zu Hilfe. Herr, eile mir zu helfen" (Ps 70,2). Johannes Cassian hat um das Jahr 400 seinen Mönchen empfohlen, diesen Vers immer mit sich zu tragen und ihn innerlich zu wiederholen. Dieses Wort, so sagt er, schenkt uns das Vertrauen, dass Gott immer bei uns ist. Es schützt uns, und es führt uns in die Erfahrung tiefen Friedens und einer befreienden Gotteserfahrung. Aber eine

Einsicht der Bibel ist auch: Gott hat uns einander zum Helfer gegeben. In der Schöpfungsgeschichte heißt es: „Dann sprach Gott, der Herr: Es ist nicht gut, dass der Mensch allein bleibt. Ich will ihm eine Hilfe machen, die ihm entspricht“ (Gen 2,18). Daraufhin schafft Gott zuerst die Tiere. Sie helfen dem Menschen. „Aber eine Hilfe, die dem Menschen entsprach, fand er nicht“ (Gen 2,20). So formt Gott Eva aus der Rippe Adams. Die Frau ist also von ihrem Wesen her Hilfe für den Mann. Aber auch der Mann ist Hilfe und Stütze für die Frau. Wir Menschen sind einander vom Wesen her verbunden, einander zur Hilfe gemacht. Wer nur um sich kreist, wer die Augen verschließt vor dem, der seiner Hilfe bedarf, der wird seinem Wesen als Mensch nicht gerecht.

In der Erzählung vom barmherzigen Samariter spricht Jesus von der Gefahr, narzisstisch um sich selbst und seine eigene Frömmigkeit zu kreisen und an dem, der unserer Hilfe bedarf, vorbeizugehen. Da wurde ein Mann von Räubern ausgeplündert und niedergeschlagen. Halbtot liegt er am Straßenrand. Doch der Priester und der Levit gehen vorbei. Sie wechseln die Straßenseite, um den hilflosen Menschen nicht anschauen zu müssen. Nur ein Samariter, ein Ausländer, hat Mitleid. Er denkt nicht viel darüber nach. Er springt einfach als Helfer ein. Er geht zu ihm, gießt ihm Öl und Wein auf seine Wunden und verbindet sie. Dann hebt er ihn auf sein Reittier und bringt ihn zu einer Herberge (Lk 10,30ff). Noch heute gilt: Viele weichen der Hilfe aus, weil sie in ihren eigenen Interessen gestört werden. Andere fühlen sich überfordert durch die

Hilfe. Sie haben Angst, vom anderen ganz und gar in Anspruch genommen zu werden. Jesus zeigt uns in diesem Gleichnis, dass wir den Hilfsbedürftigen nicht unser Leben lang mit uns schleppen müssen. Der Samariter gibt den verwundeten Mann in die Obhut der Herberge. Helfen heißt nicht, die ganze Verantwortung für den anderen zu tragen, sondern ihm einen Raum anzubieten, in dem er aufatmen, zu Kräften kommen und gesund werden kann. Manche Christen haben sich durch Jesu Erzählung vom barmherzigen Samariter überfordert gefühlt. Sie haben ein schlechtes Gewissen, wenn sie nicht jedem beistehen. Doch Jesus will uns die Augen öffnen, damit wir einander helfen. Aber er will uns kein schlechtes Gewissen machen. Wir sind nicht Gott, der jedem beisteht. Unsere Aufgabe ist es, die Augen offen zu halten und auf den inneren Impuls zu hören, der uns auffordert, dem anderen beizustehen. Oft genug bringen wir den inneren Impuls jedoch mit allerlei Ausreden zum Schweigen. Wir sagen uns vor: Ich bin nicht professionell genug. Für die Hilfe sind die Ärzte und Psychologen da. Ich kann nicht helfen. Helfen bedeutet aber nicht, den anderen zu heilen. Vielmehr ist es unsere Aufgabe, dem anderen beizustehen, bei ihm auszuhalten, mit ihm zu sein. Das ist oft genug schon eine wirkliche Hilfe. Weil der andere sich nicht aushalten kann in seiner Hilflosigkeit, braucht er einen anderen, der bei ihm stehen bleibt, der ihn aushält. Wir sollen nicht über unsere Kräfte hinaus helfen. Aber Jesus traut uns zu, dass wir einander beistehen und helfen können. Wir sollten nicht gleich unseren Impuls zu helfen infrage stellen, nicht gleich fragen, ob wir das aus egoistischen Gründen machen. Wir sollten dem Impuls trauen. Dass da manchmal auch egozentrische Gründe dabei sind, das darf auch sein. Entscheidend ist, *dass* wir helfen, dass wir also etwas *tun*.

Allerdings machen wir beim Helfen auch manchmal die Erfahrung, dass wir ausgenutzt werden. Dann sind wir enttäuscht. Oder wir ärgern uns. Diese Gefühle sollen wir ernst nehmen und mit ihnen ins Gespräch kommen. Weist die Enttäuschung darauf hin, dass unsere Hilfe nicht ganz selbstlos ist? Oder ist sie ein Zeichen, dass wir uns ausnutzen lassen? Dann wäre die Enttäuschung auch eine Aufforderung, dem anderen mehr zuzutrauen. Wir sollen uns nicht benutzen lassen, alle seine Probleme zu lösen. Jesus weiß um unsere Ambivalenz beim Helfen. Daher erzählt der Evangelist Lukas, sofort nach dem Beispiel vom barmherzigen Samariter, vom Besuch Jesu bei Marta und Maria. Marta hilft Jesus und seinen Jüngern. Sie bewirtet sie. Doch sie wird ärgerlich, weil ihr Maria, ihre Schwester, dabei nicht hilft. Und sie wendet sich an Jesus: „Herr, kümmert es dich nicht, dass meine Schwester die ganze Arbeit mir allein überlässt? Sag ihr doch, sie soll mir helfen!“ (Lk 10,40). Marta hilft, aber sie ist in ihrer Hilfe auch aggressiv, sowohl gegenüber Jesus, der ihre Hilfe offensichtlich nicht genügend würdigt, als auch gegenüber ihrer Schwester, die sich einfach hinsetzt und Jesus zuhört. Jesus verteidigt hier Maria. Es gibt auch Situationen, in denen wir uns gönnen sollen, einfach dazusitzen und auf die innere Stimme zu hören, in der Jesus zu uns spricht. Es ist immer eine Spannung zwischen Helfen und Sich-Zeit-Gönnen für sich selbst. Jesus will uns die Augen öffnen, damit wir denen helfen, die unserer Hilfe bedürfen. Aber er will uns nicht ständig mit einem schlechten Gewissen herumlaufen lassen, sodass wir nie zur Ruhe kommen.

Beides ist wichtig: Ich darf helfen. Aber ich bin auch selbst hilfsbedürftig. In der stillen Zeit, die ich mir gönne, lasse ich meine eigene Hilfsbedürftigkeit zu und halte sie Gott hin. Nur wenn ich diese Spannung aushalte, wird mein Helfen zum Segen für die Menschen und auch für mich selbst.

Hingebungsvoll

Wir sagen von einem Menschen, dass er mit Hingabe seinen Beruf ausübt. Von einem Mitbruder erzählte man sich, mit welcher Hingabe er eine Banane geschält hat. Die Banane war damals etwas Seltenes und Kostbares. Daher hat er sie mit ganzer Hingabe geschält, um sie noch mehr genießen zu können. Ich kenne eine Frau, die mit Hingabe den Tisch deckt. Sie ist dann ganz bei der Sache. Sie legt ihre ganze Liebe in das, was sie tut. Sie versteht ihr Tischdecken auch als Dienst der Liebe für ihre Familie oder für die Gäste, die sie erwartet. Hingabe hat also immer mit Liebe zu tun. Wenn ich mich ganz meiner Arbeit hingebe, dann liebe ich meine Arbeit, dann gehe ich in meiner Arbeit auf. Ich hänge mein ganzes Herz an das, was ich tue.

Hingabe meint immer auch, dass ich ganz in dem bin, was ich tue. Ich bin nicht innerlich geteilt. Ich mache meine Arbeit nicht nebenbei. Ich gebe mich ganz dem hin, was ich gerade tue. Das muss aber nicht immer das Tun sein. Ich kann mich auch dem Schauen hingeben, wenn ich eine schöne Landschaft betrachte oder wenn ich im Museum vor einem Bild stehe. Ich gebe mich dem Hören hin, wenn ich die Musik nicht nur distanziert höre, sondern sie in mich eindringen lasse und ganz beim Hören bin.

Aber den Höhepunkt der Hingabe stellt die Liebe dar. Wenn Mann und Frau in der Sexualität eins werden, dann geben sie sich ganz einander hin. Sie lassen ihr Ego los, sie gehen ganz im anderen auf, sie verschenken sich ganz und gar, ohne etwas für sich zurückzubehalten. In diesem Sinn hat Jesus auch die Freundesliebe verstanden: „Es gibt keine größere Liebe, als wenn jemand sein Leben hingibt für seine Freunde" (Joh 15,13). Im Griechischen steht hier das Wort „tithenai". Man könnte es auch übersetzen: „wer sein Leben einsetzt, aufs Spiel setzt". Der Gipfel der Hingabe ist die Hingabe des eigenen Lebens. So haben auch die Griechen die Freundesliebe verstanden.

Der hl. Benedikt spricht von „ora et labora", von Gebet und Arbeit. Er meint damit, dass es sowohl beim Gebet wie bei der Arbeit um Hingabe geht. Hingabe meint: frei werden vom eigenen Ego, sich auf Gott einlassen, sich Gott hingeben, sich Gott übergeben. Und Arbeit meint das Gleiche: Ich gebe mich ganz der Arbeit hin, ganz den Menschen hin, für die ich arbeite. Das gilt etwa für ein Kundengespräch oder ein Beratungsgespräch. Ich lasse mich ganz auf diesen Menschen ein. Diese Hingabe an die Arbeit und für die Menschen, auf die ich mich einlasse, liegt für Benedikt auf der gleichen Ebene wie die Hingabe an Gott im Gebet. Wenn ich mich der Arbeit hingebe, dann wird meine Arbeit zum Gebet. Dann wird mein ganzes Leben Hingabe und Gebet. Hingabe hat immer mit dem Freiwerden vom Ego, mit dem Loslassen des eigenen Ego zu tun. In der Hingabe vergesse ich mich selbst und bin ganz bei dem, was ich tue, mit dem ich spreche, zu dem ich bete.

Um Hingabe geht es auch in der Partnerschaft und in der Familie. Früher hat man auch von „Aufopfern" gesprochen, um die Hingabe zu umschreiben. Doch heute sind wir eher skeptisch, wenn jemand sich völlig für die Familie aufopfert. Wir verbinden damit ein Überspringen der eigenen Bedürfnisse. Und manchmal kann hinter diesem Aufopfern auch ein Anspruch stehen: Ich gebe alles für euch. Aber dann müsst ihr mir auch etwas zurückgeben. Heute zählt die Selbstverwirklichung höher als das Sich-Aufopfern. Aber dennoch kommt keine Beziehung ohne Hingabe aus. Wenn beide Partner nur darum kreisen, wie weit sie sich selbst verwirklichen können, wenn sie jeden Wunsch des Partner danach befragen, ob er mit den eigenen Bedürfnissen übereinstimmt, dann führt das – wie Hans Jellouschek ausgeführt hat – zur „Tyrannei der Authentizität" (Jellouschek, Die Kunst als Paar zu leben 65). Und Jürg Willi, ein Paartherapeut, meint: Wenn ich die Partnerschaft nur als Bedürfnisbefriedigung verstehe, wird sie zur gegenseitigen Ausbeutung. Es ist heute wichtig, dass wir die beiden Pole Selbstverwirklichung und Hingabe in ein gutes Gleichgewicht bringen. Wenn ein Pol absolut gesetzt wird, dann führt es entweder zum Egoismus zu zweit oder aber zur Selbstaufgabe. Hingabe ist aber etwas anderes als Selbstaufgabe. Jellouschek sagt zu Recht: „Der Mensch findet seine höchste Entfaltung nur in der Selbst-Hingabe. Wer ängstlich an sich selber festhält, geht sich selber am radikalsten verloren. Wer sich selbst hingibt, findet zu seiner Fülle" (ebd. 67).

Um Hingabe geht es auch in der Beziehung zu Gott. Hingabe heißt, dass ich mich ganz und gar auf Gott einlasse. Diese Hingabe erleben wir aber nicht nur gegenüber Gott. Wir geben uns auch einer Musik hin. Wir spielen auf der Geige und vergessen dabei, wie wir auf andere wirken. Wir werden durchlässig für etwas, das größer ist als wir. Wir spüren den Unterschied zwischen einem Sänger, der technisch perfekt singt, und einem, der durchlässig ist für die Musik, durch den hindurch „es“ singt. Da werden wir als Zuhörer ganz anderes angerührt. Da klingt in unserer Seele etwas wider.

Auch in der Spiritualität gibt es den Unterschied. Da gibt es Menschen, die eine konsequente Askese leben oder täglich zwei Stunden meditieren. Aber sie tun es, damit sie sich als spirituelle Menschen fühlen. Sie kreisen letztlich um das eigene Ego. Und es gibt Menschen, die sich in ihrer Ohnmacht in Gott hinein ergeben. Sie berühren wirklich Gott. Sie vergessen sich selbst und ihre Wirkung auf andere. Ihnen geht es nur um Gott. Und gerade so fühlen sie sich ganz präsent, frei, erfüllt, lebendig, voller Liebe.

Letztlich geht es in der Hingabe um das, was Jesus mit der Selbstverleugnung meint: frei zu werden von der Herrschaft des Ego, das alles nur auf sich bezieht und immer nach dem eigenen Nutzen und Vorteil fragt. Jesus sagt: „Wer mein Jünger sein will, der verleugne sich selbst, nehme sein Kreuz auf sich und folge mir nach. Denn wer sein Leben retten will, wird es verlieren; wer aber sein Leben um meinetwillen und um des Evangeliums willen verliert, wird es retten“ (Mk 8,34f). Sich selbst verleugnen meint: nein sagen zu den ständigen Forderungen des Ego und sich auf den Weg einlassen, den uns das eigene Herz weist. Hingabe heißt: sein Leben um Jesu willen verlieren und es nicht retten wollen. Im Griechischen steht hier „psyche“ („Seele“) und „sozein“ („retten“, „bewahren“). Wer an seiner Seele festhält, wer sie bewahrt, wer sie festhalten will, wer sich nicht loslassen will, der verliert seine Seele. Wir gewinnen unsere Seele nur, wenn wir uns loslassen, wenn wir uns hingeben.

Für mich hat Hingabe noch eine andere Dimension. Hingabe ist die Kunst, das, was mir von außen widerfährt, in einen Akt der Liebe zu verwandeln. Ein Beispiel: Als ich meine Mutter fragte, wie sie im Alter mit ihren Krankheiten und Beschwerden umgehe, antwortete sie ganz fröhlich: „Ach, das opfere ich für meine Kinder und Enkelkinder auf.“ Sie hat sich die Altersbeschwerden nicht ausgesucht. Die sind ihr widerfahren. Aber sie hat sie in einen Akt der Hingabe verwandelt. Die Kinder und Enkelkinder haben das gespürt. Von meiner Mutter ging Liebe aus. Deshalb haben ihre Enkel sie auch gerne besucht. Es gibt andere ältere Menschen, die ständig um ihre Krankheit kreisen und jedem Besucher ein schlechtes Gewissen machen, und zwar allein deshalb, weil er gesund ist. Von solchen Menschen geht Unzufriedenheit aus. Das war letztlich auch die Kunst Jesu: das, was ihm am Kreuz widerfahren ist, in einen Akt der Hingabe und Liebe zu verwandeln. Jesus hat sich den Tod nicht ausgesucht, er ist ihm von außen widerfahren. Dennoch sagt Jesus von sich: „Deshalb liebt mich der Vater, weil ich mein Leben hingebe, um es wieder zu nehmen“ (Joh 10,17). Jesus hat den gewaltsamen Tod, den er auf sich zukommen sah, in einen Akt der Liebe und Hingabe verwandelt. Wer sich hingibt, der gewinnt das Leben, dessen Leben bringt reiche Frucht. Und diese Frucht wird zum Segen nicht nur für andere, sondern auch für ihn selbst.

Hoffend

Die sechziger Jahre des letzten Jahrhunderts waren eine Zeit des Aufbruchs. Die drei Bände von Ernst Blochs *Prinzip Hoffnung* erfuhren große Resonanz. Der evangelische Theologe Jürgen Moltmann schrieb seine *Theologie der Hoffnung*, und auch die katholische Kirche war nach dem Zweiten Vatikanischen Konzil von diesem Geist geprägt. Auch in der Politik glaubte man, die Welt menschlicher gestalten und den Frieden in der Welt immer mehr durchsetzen zu können. Man träumte von einer immer besseren Welt. Von dieser Hoffnung ist heute nicht mehr viel übrig geblieben. Die Hoffnung war mit Optimismus verbunden. Heute vermitteln die Zeitdiagnosen eher eine pessimistische Sicht der Zukunft, nicht nur was die Ausbeutung der Natur betrifft, sondern auch das Zusammenleben der Menschen in einer Welt, in der die Angst vor terroristischen Netzwerken zunimmt und immer mehr Kriege geführt werden.

Das deutsche Wort „hoffen" ist mit der Wortgruppe „hüpfen" verwandt. Hoffen hat daher für die Germanen ursprünglich bedeutet: „vor Erwartung zappeln", „aufgeregt umherhüpfen". Im deutschen Wort „hoffen" steckt also die Erfahrung eines freudigen Wartens auf ein Ereignis oder auf das Kommen eines Menschen, den man herbeisehnt.

Hoffen ist von Freude geprägt. Und hoffen hat mit warten zu tun. Es ist ein aktives Tun des Menschen. Er streckt sich aus nach dem, was kommt. Wer hoffnungsvoll lebt, dessen psychische Verfassung ist von Freude und Lebendigkeit geprägt. Hoffnung richtet auf, während Hoffnungslosigkeit niederdrückt. Wer keine Hoffnung mehr hat, verliert die innere Spannkraft. Er verliert sein Jungsein. Dante hat in seiner göttlichen Komödie das berühmte Wort geprägt, als er in den Abgrund der Hölle schaut: „Lass alle Hoffnung fahren!" Ohne Hoffnung lässt sich das Leben kaum aushalten. Ähnlich sagt es das deutsche Sprichwort: „Die Hoffnung stirbt zuletzt." Das meint auch: Wo keine Hoffnung ist, da ist Tod, da ist Erstarrung.

Der französische Existenzphilosoph Gabriel Marcel hat auf dem Hintergrund seines christlichen Glaubens eine Philosophie der Hoffnung entworfen. Er unterscheidet das absolute „ich hoffe" und das „ich hoffe, dass". Das absolute „ich hoffe" zielt letztlich immer dahin, dass wir Menschen, die wir uns gefangen fühlen, auf Licht und Freiheit hoffen: nicht als äußere Objekte, sondern als Hellwerden unserer Existenz und als Freiwerden in unserem Innersten. Marcel setzt die Hoffnung dem Optimismus entgegen. Der Optimist hat die feste Überzeugung, dass die Dinge „sich einrichten" müssen. Er sieht die Dinge mit einer ganz bestimmten Haltung. Der Hoffende dagegen ist in einen Prozess des Werdens verwickelt. Die wahre Hoffnung gilt nicht einem bestimmten Ereignis, das kommen soll, sondern dem Neuwerden der eigenen Existenz und des Lebens insgesamt. Hoffnung kann es nur dort geben, wo auch die Versuchung zur Verzweiflung auftritt.

Wenn der Vater eines Sohnes, der in die Fremde gezogen ist und der ihm schon sehr lange keinen Brief mehr geschrieben hat, immer noch hofft, dass der Briefträger ihm eine Nachricht von seinem Sohn bringen wird, dann kann diese Hoffnung auch enttäuscht werden. Solange wir uns zu genau vorstellen, wie unsere Hoffnung erfüllt werden soll, sind wir in Gefahr, Hoffnung mit bloßem Wunschdenken zu verwechseln. Gabriel Marcel meint, die Hoffnung übersteige die Einbildungskraft. Wir sollen darauf verzichten, uns genaue Bilder von dem zu machen, was wir erhoffen. Wir müssen unterscheiden zwischen Hoffnung und Erwartung. Die Erwartung, die ich an andere Menschen richte, kann enttäuscht werden. Aber die Hoffnung kann nie enttäuscht werden. Denn hoffen heißt immer: Ich hoffe auf diesen Menschen, ich hoffe auf das, was ich in ihm noch nicht sehe. Ich hoffe, dass sich in ihm etwas entwickeln wird, dass er mehr und mehr in die Gestalt hineinwachsen wird, die ihm von Gott zugedacht ist.

Ernst Bloch schreibt in seinem erwähnten Werk über die Hoffnung, dass nur dasjenige menschliche Tun wertvoll sei, das von Hoffnung geprägt ist und Hoffnung vermittelt. Ein guter Architekt ist ein Architekt, dessen Bauten gebaute Hoffnung sind, Hoffnung auf Schönheit, Hoffnung auf Gemeinschaft, Hoffnung auf Sicherheit und Geborgenheit. So ist es eine Grundfrage an uns alle, ob von uns Hoffnung ausgeht oder Enttäuschung und Resignation. Hoffnung ist eben etwas anderes als Optimismus. Wir hoffen letztlich immer auf etwas, was wir nicht sehen, sagt Paulus im Römerbrief. Wir hoffen, dass unser Leben gut wird. Für mich ist es wichtig, dass ich mit allem, was ich tue und schreibe und sage, bei den Menschen Hoffnung vermittle, die Hoffnung, dass ihr Leben gelingen wird, dass es wertvoll und einmalig ist und dass sie mit ihrem Leben eine Spur der Hoffnung in diese Welt eingraben können.

Die Christen sollen ein Sauerteig der Hoffnung sein für die Gesellschaft. So sieht es der Autor des 1. Petrusbriefes. Er ermahnt die Christen: „Seid stets bereit, jedem Rede und Antwort zu stehen, der nach der Hoffnung fragt, die euch erfüllt" (1 Petr 3,15). In diesem Wort wird deutlich, dass die Hoffnung das konkrete Verhalten verändert. Aufgrund seiner Hoffnung lässt man sich nicht so leicht nach unten ziehen, weder von Menschen, die einen bedrängen, noch von unglücklichen Ereignissen wie Unfall oder Tod. Aber – so mahnt der Autor – man muss sich immer wieder auch vergewissern, was der Grund seiner Hoffnung ist. Jeder muss für sich selbst und dann auch vor anderen eine Antwort wissen, warum er sich nicht von den gegenwärtigen Bedrängnissen bestimmen lässt und warum er selbst im Leiden noch glücklich sein kann (vgl. 1 Petr 3,14).

Unsere Situation ist heute anders als die der Empfänger des 1. Petrusbriefes. Nicht das Leiden an einer antichristlichen Umwelt ist unser Hauptproblem, sondern das Leiden an uns selbst, an unserer Resignation, an unserem Selbstmitleid, an unseren Depressionen, aber auch das Leiden an einer Umwelt, die immer bedrängender wird, die immer mehr eingreift in unser persönliches Leben durch Gesetze, Normen, Steuern usw. In uns gibt es die unbewusste Erwartung, dass unser Leben gelingen muss, dass alles glatt geht, dass wir gesund und ohne psychische Probleme durchs Leben kommen. Doch die Realität sieht anders aus.

Unsere Hoffnung, die uns ein anderes Verhältnis zu unserem Leben ermöglicht, ist nicht einfach eine optimistische Lebenshaltung. Wir müssen uns selbst immer wieder Rechenschaft darüber ablegen, warum wir denn Grund zur Hoffnung haben. Nur wenn wir uns aufgrund unserer Hoffnung anders verhalten als die übrigen Menschen, sollen wir ihnen gegenüber auch den Grund für unsere Hoffnung angeben, wenn wir gefragt werden. Für mich genügt es nicht, mich einfach hinter Formeln zu verstecken, wenn ich nach dem Grund meiner Hoffnung gefragt werde. Ich kann nicht einfach die Antwort wiederholen, die die Bibel gibt. Ich muss es erst einmal mir selbst mit meinen eigenen Worten klarmachen, warum ich Hoffnung habe und warum in dieser Hoffnung die Kraft liegt, voll Zuversicht und innerer Freude zu leben, auch wenn die inneren und äußeren Umstände dagegenstehen. Die Antwort finde ich nie ein für alle Mal. Ich muss sie mir immer wieder neu erarbeiten. Erst dann kann ich auch zu anderen darüber sprechen.

Klug

Dem langjährigen Ministerpräsidenten von Baden-Württemberg, Lothar Späth, bescheinigten die Zeitgenossen durch den Beinamen „Cleverle" anerkennend, dass er schlau und manchmal auch gerissen war. Er hat mit diesen Fähigkeiten seinem Bundesland einen großen Aufschwung ermöglicht. Und als er nach der politischen Wende und der Wiedervereinigung nach Jena ging und dort ein großes Wirtschaftsunternehmen leitete, hat er auch dort Erstaunliches geleistet. Wenn wir heute von Klugheit sprechen, meinen wir oft diese Cleverness. Doch das ist letztlich etwas anderes. Clever ist der, der wendig und tüchtig ist. Klugheit wird jedoch – zumindest in der Bibel und auch in der philosophischen Tradition – anders verstanden.

Klugheit ist die Fähigkeit, herauszufinden, was hier und jetzt für mich und für die anderen angemessen und zuträglich ist. Für Thomas von Aquin setzt die Klugheit immer die Erkenntnis des Guten voraus. Die Klugheit erkennt die Wege, wie ich das Gute verwirklichen kann. Sie ist nicht einfach auf Wissen aus, sondern immer auf das Tun. Aber das Tun braucht die richtige Überlegung, damit es nicht nur wirksam, sondern auch sinnvoll ist. Es genügt also nicht die gute Absicht. Ich muss auch erkennen, was die konkrete Wirklichkeit ist und was ihr entspricht. Die

Klugheit erkennt nicht nur, sondern sie befiehlt auch. Sie steuert das Tun des Menschen. Die Erkenntnis muss umgesetzt werden in den „klugen Beschluss“ (Pieper, Viergespann 26). Die Umformung der Erkenntnis in das Tun geschieht durch die Überlegung, das Urteil und den Beschluss. Dabei bedarf das Überlegen einer anderen Qualität als das Tun. Thomas von Aquin sagt, „im Überlegen dürfe man zögern, die überlegte Tat jedoch solle rasch sein“ (ebd. 27).

Aristoteles versteht die Klugheit als Voraussetzung aller Tugenden. Ich muss zuerst die Wirklichkeit richtig erkennen, und erst dann kann ich auch richtig handeln. Für Aristoteles steht die Klugheit an der Schnittstelle zwischen Verstand und Willen. Sie umfasst das Erkennen und ordnet zugleich das Tun. Sie ist gleichsam die Wagenlenkerin der Tugenden (auriga virtutum). Die Klugheit erkennt die Mittel, die notwendig sind, damit das Leben gelingt und der Mensch zum Glück gelangt. Sie besteht in der Fähigkeit, die eigenen Lebensziele zu erkennen und zugleich die Einstellungen und Haltungen auszubilden, die zur Erreichung dieser Lebensziele notwendig sind.

Bei Immanuel Kant ist die Klugheit die Urteilskraft, die jeweils zu beurteilen vermag, was hier und jetzt für mich stimmig und richtig ist. Die Klugheit erkennt nicht nur, sondern sie beratschlagt, beurteilt und befiehlt. Sie ist kreativ und erkennt, was jetzt gerade nötig ist, um innerlich wie äußerlich weiterzukommen.

Die Kunst hat die Klugheit immer als Frau dargestellt. Sie ist vor allem eine Fähigkeit der Seele. Oft hat sie ein aufgeschlagenes Buch vor sich und eine Schlange. Die Schlange verweist auf das Wort Jesu: „Seid klug wie die Schlangen!“ (Mt 10,16). Die Schlange erkennt, wie sie sich zwischen den Hindernissen hindurchschlängeln kann, erfasst sehr schnell die Situation und reagiert angemessen. Giotto hat die Klugheit als eine Frau mit zwei Gesichtern gemalt, mit einem alten und einem jungen. Die Klugheit verbindet demnach das Wissen der Vergangenheit mit dem Gespür für die Zukunft. Und er gibt ihr einen Spiegel in die Hand als Zeichen für die Selbsterkenntnis. Der Kluge erkennt sich selbst. Er schaut nicht nur in die Zukunft, sondern auch in sich selbst hinein.

Jesus hat den klugen Menschen gelobt. Er preist den klugen Mann, der sein Haus auf einen Felsen und nicht auf Sand gebaut hat (vgl. Mt 7,24–27). Der kluge Mann ist der besonnene Mann. Er handelt nicht hastig und unüberlegt. Er baut sein Haus nicht auf den Sand seiner Illusionen oder seiner Begeisterung, seiner Euphorie, sondern auf den Fels richtiger Lebensführung, wie sie Jesus in der Bergpredigt verkündet hat. Der kluge Mann erwägt alles. Er handelt überlegt. Er weiß, worauf es ankommt. Er sieht sich vor. Er rechnet mit Stürmen und Überflutungen. Daher baut er sein Haus auf ein gutes Fundament.

Jesus lobt auch die Klugheit des ungerechten Verwalters, der in einer schwierigen Situation genau die richtige Lösung findet (Lk 16,1–8). Er hat nach außen hin keine Chance. Er wird beschuldigt, das Vermögen seines Herrn veruntreut zu haben. Doch mit dem Rücken zur Wand findet er eine kreative Lösung. Er lässt die Schuldner kommen und erlässt ihnen einen Teil der Schuld, damit sie ihn in ihre Wohnungen aufnehmen. Er geht also kreativ mit seiner Schuld um und schafft sich einen Vorteil daraus. Diese Klugheit empfiehlt Jesus seinen Jüngern. Sie sollen sich und ihre Situation richtig einschätzen und kreativ das herausfinden, was sie weiterführt.

Auch das Gleichnis von den fünf klugen und den fünf törichten Jungfrauen ist in unserem Zusammenhang aufschlussreich. Die törichten Jungfrauen leben einfach in den Tag hinein. Sie nehmen ihre Lampen mit, um den Bräutigam auf seinem Zug ins Haus der Braut zu begleiten. Doch sie vergessen das Öl. Sie rechnen nicht damit, dass es länger dauern könnte, bis der Bräutigam kommt. Die klugen denken nicht nur an den Augenblick, sondern an alle Möglichkeiten, die eintreten könnten. Sie sichern sich nicht ab, doch sie sehen über den momentanen Augenblick hinaus auf das, was sein könnte. Und so sorgen sie für sich und tun das, was ihrem Ziel dient.

Thomas von Aquin verbindet die Klugheit (prudentia) mit der Voraussicht (providentia). Der Kluge schaut über die momentane Situation hinaus und schätzt ab, „ob ein bestimmtes Tun wirklich Weg sein wird zur Verwirklichung des Zieles“ (Pieper, Viergespann 33). Dabei gibt es natürlich immer auch Unsicherheit und Wagnis. Der Kluge kann mit seiner Entscheidung nicht warten, bis er alles hundertprozentig genau weiß. Die Klugheit ist immer auch mit der Sorge verbunden, ob alles auch gut ausgeht. Der Kluge gerät in Situationen, in denen er schnell entscheiden muss. Thomas ordnet daher der Klugheit die „solertia“, ein „vollendetes Können“, zu. Es ist die Fähigkeit, sich rasch auf das Unvorhergesehene einzustellen und zu entscheiden. Thomas meint, dass man die Klugheit lernen könne. Sie setzt ein gutes Gedächtnis voraus. Der Kluge sammelt einen Schatz von Erfahrungen. Er bekommt ein Gespür, wie die Dinge sind und wie er angemessen darauf reagieren soll. Gedächtnis meint für Thomas, dass der Mensch die Dinge so behält, wie sie in Wirklichkeit sind. Wer ein gutes, ein seinstreues Gedächtnis hat, der erinnert sich nicht an äußere Fakten, sondern er entwickelt ein Gespür für die Wirklichkeit und ihre inneren Zusammenhänge.

Die Klugheit, so meint Thomas von Aquin, ist die Tugend, die uns befähigt, Entscheidungen zu treffen. Viele tun sich schwer, sich zu entscheiden. Denn sie möchten eine absolut richtige Entscheidung treffen. Es gibt aber keine absolut richtigen Entscheidungen. Es gibt nur kluge Entscheidungen. Klug ist die Entscheidung, die einen Horizont eröffnet, die jetzt für den Augenblick einen Weg zeigt, wie es weitergehen kann. Jeder muss ständig Entscheidungen treffen. Für viele ist das eine Belastung. Sie haben Angst, sie könnten eine falsche Entscheidung treffen. Doch keine Entscheidung zu treffen lähmt uns und unsere Umgebung. So brauchen wir gerade heute die Tugend der Klugheit, um in der Vielfalt der Möglichkeiten die Entscheidungen zu treffen, die uns einen guten Weg in die Zukunft eröffnen.

Kreativ

Ein Professor der Betriebswirtschaft erzählte mir, dass man heute als Professor an einer Uni ständig unter Druck stehe, besonders kreativ zu sein. Doch gerade dieser Zwang verhindert, was er hervorbringen will. Man kann nicht auf Druck hin kreativ sein. Kreativität braucht die innere Freiheit, den spontanen Einfall, die Lust am Schaffen und Gestalten. Manche sogenannten kreativen Ideen vermitteln daher den Eindruck des „Gemachten". Man muss unbedingt aus dem Rahmen fallen, sich etwas Besonderes einfallen lassen. Doch nicht alles, was aus dem Rahmen fällt, ist auch kreativ. Es ist nur anders. Es fällt nur auf, weil es aus dem Rahmen fällt. Doch in sich hat es nichts, was so auffällt, dass wir es bewusst betrachten und uns daran freuen würden.

Es ist schön, Kindern zuzuschauen, wie sie mit kleinen Dingen umgehen und sich ein Spiel ausdenken. Wenn sie im Sandkasten spielen, bauen sie sich eine Sandburg oder backen mit dem Sand Kuchen. Ihre Phantasie schafft aus dem, was sich ihnen anbietet, etwas Neues. Sie beleben die Dinge. Kinder, die kreativ sind, werden auch in ihrem späteren Leben Kreativität zeigen. Die Gefahr ist heute, dass wir den Kindern zu wenig Raum für solche schöpferische Entfaltung geben. Wir lassen sie lieber passiv vor dem Fernseher sitzen. Da sind sie beschäftigt. Aber sie nehmen nur auf. Das Fernsehen weckt in ihnen keine Kreativität.

Viktor Frankl hat sich ein Leben lang gefragt, was der Sinn des Lebens sei und wie der Mensch Sinn in seinem Leben finden könne. Er hat herausgefunden, dass ein wichtiger Ort, an dem der Mensch sein Leben als sinnvoll empfindet, die Kreativität ist. Wenn ein Mensch kreativ ist, wenn er als Schreiner einen Tisch nach seiner Vorstellung gestaltet, als Maler einen Raum kreativ ausmalt, dann erlebt er in diesem Augenblick sein Leben als sinnvoll. Im kreativen Tun spürt sich der Mensch. Er hat Lust daran und spürt, wie das Kreative zu seinem Leben gehört. In der Kreativität erkennt der Mensch, dass seine höchste Würde darin besteht, wie Gott etwas erschaffen, etwas gestalten zu können. Er kann sich neue Ideen ausdenken. Er kann neue Techniken entwickeln. Der Architekt schafft etwas Neues. Der Künstler lässt in seinem Geist ein Kunstwerk entstehen und setzt es dann im Malen oder im Gestalten einer Plastik um. Der Musiker schafft eine Musik, die die Herzen der Menschen erfreut. Kreativität befriedigt den Menschen. Sie hält ihn lebendig. Kreativität ist vor allem auch im Berufsleben gefragt. Eine Firma darf sich nie ausruhen auf dem Erreichten oder sich im Gewohnten einrichten. Es braucht immer wieder kreative Ideen, um das Produkt zu verbessern, um Menschen auf neue Weise anzusprechen. Den Ausdruck „Kreation“ hat die Modebranche für sich entdeckt. Die Modefirmen stellen jedes Jahr ihre Frühjahrs- und ihre Herbst-Kreation vor. Sie müssen sich immer neue Formen einfallen lassen, die die Menschen ansprechen.

Auch in existenzieller Hinsicht ist das Thema wichtig. Als eheloser Mensch weiß ich, dass eine wichtige Bedingung für ein geglücktes Leben in der Ehelosigkeit die Kreativität ist. Sexualität ist von ihrem Wesen her ja auch auf Schöpfung aus, auf das Zeugen eines Kindes. Offensichtlich kann die Sexualität besser sublimiert und integriert werden, wenn sie in Kreativität umgewandelt wird. Wenn ein eheloser Mensch kreativ ist, dann kann er innere Zufriedenheit erfahren, ohne dass er ständig um den Mangel an gelebter Sexualität kreist. Die Kreativität ist aber natürlich auch für die verheirateten Menschen gut. Ein verheirateter Mann erzählte mir von seiner Therapie, die er gemacht hatte. Seine Therapeutin hatte zu ihm gesagt: „Wenn deine Sexualität nur darin besteht, mit deiner Frau zu schlafen, wirst du krank." Seine Ehe war belastet, weil sein Bedürfnis nach Sexualität für seine Frau zu stark war. Erst als er seiner Kreativität Raum ließ und anfing, Bilder zu malen, wurde auch die sexuelle Beziehung zu seiner Frau gut. Er war nicht mehr fixiert auf das sexuelle Einssein mit seiner Frau. Er hatte nun verschiedene Formen gefunden, seiner Sexualität Ausdruck zu geben.

Kreativität hält uns lebendig. Und sie ist auch eine Hilfe, mit den alltäglichen Situationen umzugehen. Wenn unangemeldet Gäste kommen, dann gelingt es manchen Gastgebern, kreativ etwas zu kochen oder herzurichten. Und alle sind zufrieden. Viele Hausfrauen sind kreativ, wenn es darum geht, das Essen zu verwerten, das vom Mittagstisch noch übrig geblieben ist. Wenn im Urlaub einige Tage völlig verregnet sind, dann können kreative Menschen auch daraus etwas machen. Sie jammern nicht über das schlechte Wetter, sondern ihnen fallen kreative Ideen ein, wie sie den Urlaub trotzdem schön gestalten können. Der kreative Mensch kann aus allem etwas machen. Er jammert nicht über das, was ihm fehlt, sondern er formt aus dem, was er hat, etwas, das ihm Spaß macht oder sein momentanes Bedürfnis befriedigt. Er geht kreativ um mit dem, was ihm das Leben anbietet. So bleibt er lebendig und fröhlich. Und das macht ihn zu einem angenehmen Mitmenschen, dessen Haltung auch auf seine Umgebung positiv ausstrahlt.

In Muße

Tempo, Stress, Arbeitsverdichtung und Multitasking – das sind Stichworte, die für viele den Weg in körperliche und seelische Erschöpfung oder den Burnout beschreiben. „7/24“ ist zum Kürzel geworden für die Ruhelosigkeit der Gegenwart, in der vierundzwanzig Stunden am Tag und sieben Tage die Woche online der Weg in die Konsum- und Arbeitswelt offen ist. In unserer westlichen Welt wird die Arbeit und die Arbeitsleistung so wichtig genommen, dass wir uns schwer tun, das Lob der Römer und Griechen auf die Muße, die „schole“, das „otium“, zu verstehen. In einer Zeit der Hektik und der ständigen Beschleunigung sehen wir Muße eher als Luxus an. Und doch war die Muße für den Anfang unserer abendländischen Kultur – bei den Griechen und Römern – ein Kennzeichen gelingenden Lebens. Die Muße als lebendige Ruhe und tätiges Freisein war für die Griechen ein Kennzeichen des freien Menschen, der nicht unter der Sklaverei der Arbeit steht, sondern der sich Zeit lässt, die Wahrheit der Welt zu erkennen, der die Dinge sein lässt. Aus dieser inneren Muße heraus fließt dann durchaus fruchtbare Arbeit. Aber diese Arbeit hat nicht den Geschmack des Mühseligen und Schweren, des Angestrengten und Angespannten. Ganz anders unser typisch deutsches Arbeitsverständnis. Wir meinen Arbeit sei Ausdruck von schweißtreibender Leistung. Der typisch deutsche Philosoph Immanuel Kant spricht von „herkulischer Arbeit“ und hat damit das Arbeitsverständnis der Neuzeit weitgehend geprägt. Er spricht von „herkulischer Arbeit“ auch, wenn er seine geistige Arbeit bewertet. Sie sei anstrengend und koste die ganze Mühe des Menschen.

Demgegenüber erkennt die Philosophie, die sich den Griechen und Römern verpflichtet weiß, dass das Wesen der Tugend im Guten und nicht im Schweren liege. Thomas von Aquin, der die Philosophie der Antike in seine christliche Philosophie und Theologie integriert, meint sogar, das Wesen der Tugend bestehe darin, dass wir unseren natürlichen Neigungen folgen und dass uns das Gute mühelos gelingt. Es liegt eine andere Anschauung von Welt und Mensch in dem antiken Begriff der Muße. In unserer von Arbeit und Leistung bestimmten Welt tut es uns gut, wieder über das Geheimnis der Muße nachzudenken. Die Römer definierten die Arbeit als „Nicht-Muße“, als „neg-otium“. Das bedeutet nicht, dass die Römer nicht gearbeitet hätten. Wir können heute ihre erstaunlichen Leistungen im Städte- und im Straßenbau sowie in der Organisation ihres Weltreiches allerorten bewundern. Aber – so glauben die Römer – die wahre Arbeit braucht die Muße, damit sie Frucht bringt und das Angestrengte und Angespannte verliert. „Otium“ ist für die Römer zunächst die Freiheit von Staatsgeschäften. Diese Freiheit von den Verwicklungen in die Politik ermöglicht es den gebildeten Römern, über die wesentlichen Dinge des

Lebens nachzudenken. Muße hat also in erster Linie mit innerer Freiheit zu tun. Ich muss nicht ständig über alles Bescheid wissen. Gerade heute, da wir oft einem Terror der Kommunikation durch permanente Erreichbarkeit ausgesetzt sind, ist es eine Wohltat, sich selbst innerlich frei zu machen von dem Druck, über alles Bescheid wissen zu müssen. Als ich in der Millionenstadt Hongkong öfter mit der U-Bahn fuhr, sah ich in den überfüllten Zügen, in denen man kaum Platz fand, um zu stehen, fast alle mit ihrem iPad beschäftigt. Alle mussten sich, versunken in ihre „Maschinen", anscheinend ständig informieren über das, was in der Welt gerade läuft oder was in ihrer privaten Welt gerade kommuniziert wird.

Muße ist etwas anderes: Ich lasse all dieses viele Wissen mal hinter mir, um mich dem eigentlichen Wissen zu stellen. Ich jage nicht ständig hinter der Aktualität her, ich bin nicht aktualitätsversessen, sondern zeitvergessen, indem ich mich ganz auf den Augenblick einlasse. Das führt zu einer tieferen Form des Wissens. Das Wort „Wissen" ist verwandt mit „videre" („sehen", „schauen"). Ich lasse das Vielwissen, um nach innen zu schauen, um auf den Grund der Dinge zu schauen.

Das griechische Wort für Muße heißt „schole". Davon kommt unser deutsches Wort „Schule". Wir gehen in die Schule der wahren Bildung, der Herzensbildung. Dieses Wort ist verwandt mit „echein", das (in bestimmten Formen) auch „innehalten" bedeuten kann. Das ist für mich ein schönes Bild für das Wesen der Muße: Muße ist die Zeit, innezuhalten. Ich mache Halt, ich bleibe stehen, um in das Innere meiner Seele zu gelangen und dort im Inneren Halt zu finden. Dieser innere Halt stärkt mich, dann in aller Ruhe und Gelassenheit das zu tun, was mir aufgetragen ist. Ich arbeite dann nicht weniger, aber ruhiger und letztlich effektiver. Meine Arbeit verliert das Angestrengte. Sie kommt aus dem Inneren. Und ich kann mitten in den Turbulenzen täglicher Arbeit immer wieder innehalten, um diesen inneren Halt wahrzunehmen. Das nimmt meiner Arbeit den Charakter des „Herkulischen“. Die Arbeit fließt aus dem Inneren. Sie hält mich lebendig. Aber sie hat mich nicht im Griff.

Manche meinen, dieses Leben und Arbeiten aus der Muße heraus sei heute eine Utopie. Aber stimmt das wirklich? Wenn ich mein eigenes Leben betrachte, so kann ich nicht sagen, dass ich wenig arbeiten würde. Manche meinen, sie könnten nicht verstehen, wie ich so viel schreiben und nebenbei noch Vorträge und Kurse halten könne und neben all dem 36 Jahre lang die Verwaltung der Abtei hätte leiten können. Doch ich verstehe meine Arbeit nicht als etwas Anstrengendes, sondern als etwas, das aus dem Inneren herausfließt. Ich bin dankbar für die Muße, die mir mein klösterliches Leben täglich bietet. Täglich habe ich Zeit, in der Stille innezuhalten, in einen meiner Seele gemäßen Rhythmus einzutauchen, um im Inneren Halt zu finden. Indem ich das äußere Tun anhalte, erlange ich Halt im Inneren. Und aus diesem inneren Halt heraus kann ich das Gedränge des Tages gut aushalten, und ich kann meine Termine einhalten, ohne ständig in Hektik zu geraten. Wer Halt gefunden hat in der Haltung der Muße, der ist fähig, das Wesentliche für sich zu behalten, in seinem Gedächtnis aufzubewahren.

Zum Behalten gehört aber auch das Enthalten. Ich enthalte mich der auf mich einströmenden Informationen. Das führt zu einem gelassenen Verhalten in der Hektik dieser Zeit. Wer diesen inneren Halt gefunden hat, der kann sich auch gut mit anderen Menschen unterhalten. Seine Unterhaltung ist nicht einfach Weitergabe der vielen Informationen, die er gerade im Internet aufgeschnappt hat. Vielmehr geht die Unterhaltung dann um das, was uns wirklich Halt gibt.

Naturgemäß

„Zurück zur Natur“, dieser Ruf des französischen Philosophen Jean-Jacques Rousseau hat seither viele Menschen bewegt. Auch in unserer Zeit, in der immer mehr Natur zurückgedrängt wird, wird dieser Ruf wieder lauter. Immer mehr Landwirte kehren zum biologischen Anbau zurück, und die Lebensart vieler Menschen, die den chemisch bearbeiteten Lebensmitteln nicht mehr trauen, richtet sich an „natürlichen“ Maßstäben der Ernährung aus.

Platon hat die Kunst als Nachahmung der Natur verstanden. Er versteht auch die Kunst zu leben als ein Leben, das die Weisheit der Natur repräsentiert. Naturgemäß leben heißt daher: von der Weisheit der Natur lernen. Wir betrachten ja die Lebensjahre des Menschen gemäß dem Rhythmus des Jahreskreises. Die Jugend bringen wir mit dem Frühling zusammen. Da blüht etwas auf, und da wächst Neues in uns. Das Erwachsenenalter verbinden wir mit dem Sommer. Da reifen die Früchte heran. Da steht die Sonne am höchsten. Da sind wir oft beruflich und auch in unserem Können auf dem Höhepunkt. Dann kommt der Herbst, der für das Älterwerden steht. Der Herbst ist die Zeit der Ernte. Im Alter ernten wir die Früchte unseres Lebens. Aber auch andere Menschen können von der Frucht essen, die in unserem Leben herangewachsen ist. Und der Herbst ist die Zeit der bunten Blätter. Jetzt kommt die Originalität des Einzelnen zum Vorschein. Und der Herbst hat milde Farben. Wir leben der Natur gemäß in unserem Alter, wenn wir milde werden, milde uns selbst gegenüber und den Menschen gegenüber. Der Winter ist die Ruhezeit. Er steht nicht nur für den Tod, sondern auch für die Pause, die jeder in seinem Leben braucht. Im Winter – so sagen die Kenner der Heilkräuter – darf man keine Wurzeln ausgraben. Er ist die Zeit, nach innen zu gehen, mit den Wurzeln unseres Lebens in Berührung zu kommen und die Heilkräfte dieser Wurzeln wahrzunehmen.

Naturgemäß zu leben heißt zuerst einmal, im Rhythmus der Natur zu leben. Das gilt nicht nur für die Jahreszeiten, sondern auch für jeden Tag. Viele leben heute nicht im Rhythmus des Tages. Sie machen die Nacht zum Tag und den Tag zur Nacht. C. G. Jung meint einmal, wer im Rhythmus arbeitet, der kann effektiver und nachhaltiger arbeiten. Jeder von uns hat seinen eigenen Rhythmus. Es ist gut, diesen inneren Rhythmus zu entdecken und danach zu leben. Das tut uns gut.

Naturgemäß zu leben heißt aber auch, in Beziehung zur Natur zu leben. Viele Städter haben die Beziehung zur Natur verloren. Es tut dem Menschen gut, in die Natur zu gehen, durch Wälder und Wiesen zu wandern. Die Natur bewertet nicht. In der Natur fühlen wir uns zugehörig, als ein Teil von ihr. Man spricht von der „Mutter Erde". Die Natur hat etwas Mütterliches. Wir fühlen uns darin geborgen. Und wir spüren bei einem Spaziergang, dass die

Lebendigkeit, die in der Natur ist, auch in uns ist, dass wir in der Natur aufatmen können. So ist das naturgemäße Leben für viele Menschen eine Quelle innerer Kraft. Sie fühlen sich erfrischt, wenn sie im Wald spazieren gehen. Sie spüren das Leben in sich selbst. Sie schauen auf die Bäume, die ein Bild für sie selbst sind: fest verwurzelt und eine Krone nach oben entfaltend. Sie hören das Rauschen des Windes. Sie riechen, was die verschiedenen Bäume und Landschaften an Geruch ausstrahlen. Besonders intensiv können wir die Natur erleben, wenn wir am frühen Morgen barfuß durch die Wiese gehen. Wir spüren dann die Frische des Morgens, lassen uns von den Gräsern berühren und können das Wunder eines Tautropfens bestaunen, wie er von der Sonne angestrahlt zu einer Perle wird. Wir können manchmal nicht sagen, was uns da so guttut, wenn wir auf diese Weise durch die Wiese gehen. Wir fühlen uns der Natur einfach nur nahe, fühlen uns zugehörig, lebendig, erfrischt, geliebt.

Teilend

Wenn eine Familie mehrere Kinder hat, so gehört es zur Erziehung, dass die Kinder lernen, miteinander zu teilen, was sie geschenkt bekommen. Sie sollen ihr Spielzeug miteinander teilen oder den Pudding, den die Mutter gekocht hat. Doch heute ist die Mentalität, die schon Kinder prägt, eher anders: Ich will etwas ganz für mich haben. Ich will meinen Besitz behalten. Ich will haben und nicht teilen. Teilen macht Angst, ich könnte nicht genug bekommen, ich könnte zu kurz kommen. Kinder streiten dann regelmäßig, ob auch wirklich gerecht geteilt worden ist. Offensichtlich ist es gar nicht so leicht, zu teilen.

Wenn ich über das Teilen nachdenke, kommt mir zuerst das Teilen eines Kuchens in Stücke in den Sinn. Wenn wir in der Verwaltung den Geburtstag eines Mitarbeiters feiern, dann bringt er oder sie einen Kuchen mit. Um den gemeinsam essen und miteinander feiern zu können, teilen wir den Kuchen in Stücke, und so teilen wir ihn miteinander. Es geht nicht, den Kuchen als ganzen zu essen. Nur wenn er geteilt wird, erfahren wir Gemeinschaft. Das ist für mich ein Bild für das Leben. Wir alle sind Teil der Schöpfung. Wir können nur miteinander Gemeinschaft erfahren, wenn wir uns mitteilen und wenn wir die Schöpfung miteinander teilen.

Es ist eine Ursehnsucht des Menschen, ganz zu sein, nicht in Teile zerstückelt zu werden. Die Griechen kennen den Mythos, dass der Urmensch ein Kugelmensch war, ganz und eins. Doch Zeus bekam Angst vor diesem Menschen, er könnte den Göttern gefährlich werden. Und so teilte er ihn in zwei Stücke, in Mann und Frau. Seitdem suchen Mann und Frau in der Liebe miteinander eins zu werden. Wir sind nicht das Ganze, aber wir suchen das Ganze. Aber wir müssen anerkennen, dass wir nur Teile sind. Und als Teile sind wir gleichberechtigt. Unser Leben gelingt nur dann, wenn wir als Teile das Ganze miteinander teilen.

Wenn wir heute von Teilen sprechen, dann denken wir vor allem an das Teilen des Besitzes und des Geldes. Die katholische Soziallehre betont, dass Reichtum immer auch verpflichtet. Und die Befreiungstheologie hat in ihrer Option für die Armen gefordert, dass wir unsere Güter miteinander teilen, dass die Reichen nicht auf ihrem Reichtum sitzen bleiben, sondern ihn mit den Armen teilen. Man spricht von der Haltung geteilter Genügsamkeit. Es geht dabei um wirkliches Teilen und nicht darum, nur Almosen zu verteilen. Dieses Teilen hat vor allem der Evangelist Lukas als die Grundhaltung des Christen beschrieben. Er beschreibt die Urkirche als eine Gemeinschaft von Menschen, die alle Güter miteinander teilen: „Alle, die Grundstücke oder Häuser besaßen, verkauften ihren Besitz, brachten den Erlös und legten ihn den Aposteln zu Füßen. Jedem wurde davon so viel zugeteilt, wie er nötig hatte" (Apg 4,34f). Das ist sicher ein idealistisches Bild der Urgemeinde, das so nicht lange Wirklichkeit sein konnte. Aber

Lukas betont immer wieder die soziale Verpflichtung des Eigentums.

Gemeinschaft entsteht nur durch Teilen. Das gilt vom Teilen des Besitzes. Wenn Reiche ihren Reichtum mit Gewalt schützen müssen, dann entstehen – wie das in Südamerika oft zu beobachten ist – eigene Viertel für Reiche, die bewacht werden. Doch sie isolieren sich von der anderen Gesellschaft. Besitz kann trennen. Nur wenn wir ihn teilen, entsteht Gemeinschaft. Das hat der hl. Benedikt gewusst. Er vermittelt seinen Mönchen die Idee der Gütergemeinschaft. Und er bezieht sich auf das Ideal der Urkirche. Auch in einer Klostergemeinschaft gibt es Tendenzen, dass jeder sein Eigentum hütet und sein Privatgeld für sich behält. Es ist nicht so einfach, in der Klostergemeinschaft das Geld wirklich miteinander zu teilen. Und es ist auch in der Ehe nicht so einfach. Auch da gibt es Tendenzen des Sich Abgrenzens, gerade in Geldangelegenheiten. Und noch schwieriger ist es natürlich in der Welt im Ganzen. Aber die Welt kann nur im Frieden leben, wenn zumindest die Bereitschaft da ist, die Güter dieser Welt miteinander zu teilen. Wir haben heute, in der Zeit der Globalisierung, erkannt, dass die Welt uns gemeinsam gehört. Wenn manche Menschen und Völker die Natur ausbeuten, hat das Auswirkungen auf die ganze Welt. Die Schöpfung gehört uns gemeinsam. Wir können sie nur miteinander teilen, damit sie uns noch lange als Quelle unseres Lebens erhalten bleibt.

Das Teilen umfasst jedoch auch das Mitteilen. In einer Gemeinschaft geht es darum, auch die Gedanken miteinander zu teilen, sich in der Sprache mitzuteilen, damit ein Gespräch entsteht, eine Gemeinschaft im Sprechen. Wer seine Gedanken nur für sich behält, der isoliert sich, und der entzieht den Reichtum seiner eigenen Ideen der Gemeinschaft. Wenn alle ihre Gedanken zurückhalten, verarmt die Gemeinschaft. Die Gemeinschaft lebt vom Teilen der Gedanken, der Ideen, der Gefühle, der Sehnsüchte, vom Mitteilen der Empfindungen.

Wir kennen in der deutschen Sprache die negativen Auswirkungen mangelnden Teilens. Wenn nicht gut geteilt wird, fühlen sich viele benachteiligt. Viele suchen nur ihren eigenen Vorteil und sind nicht bereit, ihre Privilegien mit anderen zu teilen. Ihren Vorteil erringen sie zulasten der anderen, die dann im Nachteil sind. Sie übervorteilen andere. Sie kreisen nur um ihren eigenen Vorteil. Sie sind nicht bereit, Anteilnahme zu zeigen am Schicksal anderer oder an ihrer Not teilzunehmen. Sie nehmen auch an ihrem Denken nicht teil. Sie verweigern die Teilnahme am Gespräch, am Austausch, an der Begegnung.

Gott schuf die Welt, indem er das Licht von der Finsternis schied. Das Teilen ist für Gott ein Schöpfungsakt. Im Teilen ordnet er das Chaos. Es gibt das gute Teilen. Wenn ich meinen Tag gut einteile, dann lebe ich gesund. Aber es gibt auch das negative Teilen. Die Lateiner sagen: „Divide et impera!" – „Teile und befiehl!" Wenn ich meine Mitarbeiter teile, sie voneinander trenne und isoliere, dann kann ich dem Einzelnen besser befehlen. Alle folgen meinen Befehlen. Aber es entsteht keine Gemeinschaft. Die Einzelnen teilen ihre Aufgaben nicht miteinander, sie teilen sich nicht mit, sondern schauen nur auf ihren eigenen Vorteil. Sie sind nur auf den Chef fixiert, der mit ihnen leichtes Spiel hat. Aber es entsteht kein Miteinander.

Die Bibel fordert uns auf, das, was wir haben, miteinander zu teilen. Im Hebräerbrief heißt es: „Vergesst nicht, Gutes zu tun und mit anderen zu teilen; denn an solchen Opfern hat Gott Gefallen“ (Hebr 13,16). Und der 1. Timotheusbrief mahnt uns: „Sie sollen wohltätig sein, reich werden an guten Werken, freigebig sein und das, was sie haben, mit anderen teilen. So sammeln sie sich einen Schatz als sichere Grundlage für die Zukunft, um das wahre Leben zu erlangen“ (1 Tim 6,18f). Das Teilen ist also die Bedingung, um das wahre Leben zu erlangen. Das Leben gelingt nur, wenn wir es miteinander teilen. Das Urbild des teilenden Menschen ist der hl. Martin, der nach einer Legende seinen Mantel mit einem Armen geteilt hat. Noch heute sind Kinder und Erwachsene fasziniert vom hl. Martin und seinem Mut, in der Kälte einer Winternacht seinen Mantel mit einem frierenden Armen zu teilen. Offensichtlich spricht diese Geste unsere tiefste Sehnsucht an, unser Leben mit anderen zu teilen und gerade so inneren Frieden und Glück zu erfahren. Papst Franziskus ermahnt uns immer wieder, unser Leben mit den Armen zu teilen. Damit meint er nicht nur unsere Güter, sondern auch unsere Gedanken. Teilen ist immer ein wechselseitiges Tun. Indem ich das Meine mit einem anderen teile, bekomme ich auch Anteil an ihm. Und so entsteht durch Teilen Gemeinschaft miteinander. Jeder teilt dem anderen etwas von dem zu, was er hat: Der Reiche teilt seinen Besitz mit dem Armen und der Arme seine Erfahrung mit dem Reichen.

Tolerant

Toleranz ist ein Wert, der in unserer pluralistischen und von ganz unterschiedlichen Vorstellungen geprägten Gesellschaft immer wieder angemahnt wird. Toleranz gehört zu den Werten, die unsere menschliche Würde schützen. In einer pluralistischen Gesellschaft kann man nur leben, wenn man einander tolerant begegnet. Doch wir begegnen heute immer wieder auch dem Phänomen der Intoleranz. Da grenzen wir bestimmte gesellschaftliche Gruppen oder Personen aus. Wir sind intolerant gegenüber Ausländern, gegenüber Asylanten und gegenüber allem Fremden, das unsere Ruhe und unsere Gewohnheiten stört. Wir sind intolerant gegenüber dem Nachbarn, der so anders denkt als wir. Die Intoleranz zeigt sich aber auch im politischen Feld. Da vertritt man nur seine eigene Meinung und kann die Meinung der anderen nicht ertragen. Man ist gar nicht bereit, sie sich anzuhören. Man ist von vornherein verschlossen, vom eigenen Vorurteil geprägt, das nicht bereit ist, sich infrage stellen zu lassen.

Tolerant kommt vom lateinischen Wort „tolerare" („tragen", „ertragen", „dulden"). Der hl. Benedikt mahnt seine Mönche: „Ihre körperlichen und charakterlichen Schwächen sollen sie mit unerschöpflicher Geduld ertragen (tolerent)“ (RB 72,5). Eine Gemeinschaft ist nur möglich, wenn sich die Menschen gegenseitig tolerieren. Dabei ist tolerieren nicht einfach etwas Passives. Das deutsche Wort „dulden“ kann manchmal auch diesen passiven Eindruck hinterlassen: Ich dulde den anderen halt. Tragen und ertragen ist jedoch etwas Aktives: Ich trage den anderen in meinen Händen. Ich nehme ihn in meine Hand. Daher ist Toleranz immer auch mit Akzeptanz verbunden: Ich nehme den anderen an, wie er ist. Im Galaterbrief mahnt der hl. Paulus die Christen: „Einer trage des anderen Last; so werdet ihr das Gesetz Christi erfüllen“ (Gal 6,2). Hier steht im Lateinischen nicht „tolerare“, sondern „portare“. Portare ist aktiver. Es meint: den anderen tragen, ihn an einen anderen Ort bringen. Toleranz meint also, dass ich den anderen trage oder – wie Paulus es als Gesetz Christi versteht – seine Last mittrage, damit er sich selbst besser ertragen kann. Und indem ich ihn trage, trage ich ihn an einen anderen Ort. Ich ermögliche es ihm, weiterzukommen, nicht in seiner Last gefangen zu sein, sondern in die Freiheit hinauszugehen.

Manche verwechseln Toleranz mit Offenheit nach allen Seiten. Ich soll alles zulassen, für alles offen sein. Aber es gibt den Spruch: Wer nach allen Seiten offen ist, der ist nicht ganz dicht. Ich kann nur offen sein für andere, wenn ich selbst auf einem festen Fundament stehe. Wer nach allen Seiten offen ist, dem ist es letztlich gleichgültig, was der andere denkt. Alles ist möglich. Ich nehme keine Stellung dazu. Letztlich ist diese Form von Toleranz Gleichgültigkeit und „Wurstigkeit“. Das bedeutet aber auch: Ich interessiere mich letztlich nicht für den anderen. Eigentlich interessiert es mich nur, dass ich gut leben kann. Solange der andere meine Kreise nicht stört, interessiert er mich nicht. Doch das ist nicht die Toleranz, die wir in unserer westlichen Welt als einen Wert erkennen, einen Wert, der ein menschenwürdiges Miteinander ermöglicht.

Toleranz hat immer mit dem Gewissen des anderen zu tun. Ich akzeptiere den anderen, der nach seinem Gewissen entscheidet und der sein Leben nach seinem Gewissen ausrichtet. Doch Toleranz gilt nicht der Gewissenlosigkeit. Das würde ja dem Bösen Tür und Tor öffnen. Toleranz hat immer auch mit Werten zu tun. Ich bemühe mich, meine Werte zu leben. Und ich lasse dem anderen das Recht, seine Werte zu leben. Doch wer alle Werte ablehnt, wer das Wesen des Menschseins ablehnt, den darf ich nicht tolerieren. Da wäre Toleranz Feigheit, ein Zeichen von Schwäche: Ich gehe jedem Konflikt aus dem Weg. Doch Toleranz ist nur ein Wert, wenn sie aus einer inneren Stärke kommt.

Intoleranz hat immer mit Enge und Angst zu tun. Ich kann den anderen nicht ertragen, weil er mir mit seiner Andersheit Angst macht. Er deckt mir meine eigene Unsicherheit auf. Tolerant kann nur der sein, der sich selbst kennt. Denn wer sich selbst kennt, der verurteilt den anderen nicht so leicht. Ich bin intolerant gegenüber Nichtgläubigen, weil sie mich an den eigenen verdrängten Unglauben erinnern. Wenn ich aber mich selbst annehme mit meinem Glauben und dem Unglauben, der immer auch in mir ist, dann macht mir der andere keine Angst. Dann kann ich ihn annehmen. Denn er repräsentiert eine Seite in mir. Allerdings heißt die Toleranz nicht, dass der andere mich nicht interessiert. Ich habe durchaus die Hoffnung, dass auch er glauben wird. Aber ich muss ihn nicht dazu drängen. Ich habe Geduld und die Hoffnung, dass er den Weg findet, der ihm wirklich guttut.

Die Psychologie sagt uns: Toleranz ist die Fähigkeit, das Fremde im anderen anzunehmen. Aber das gelingt nur, wenn ich das Fremde in mir selbst annehme. Das, was mir im anderen fremd erscheint, ist ja auch in mir. Daher verlangt Toleranz zuerst einmal Selbsterkenntnis. Ich muss den Fremden als eine Art Spiegel betrachten, in dem ich all das Fremde erkenne, das in mir ist. Schon die frühen Mönche sagen: Selbsterkenntnis bewahrt davor, über andere zu urteilen oder sie zu verurteilen. Ein junger Mönch kam einmal zum Altvater Poimen und sagte: „Ich weiß nicht, warum ich ständig über andere urteile und mich über sie ärgere." Da antwortete ihm Poimen: „Weil du dich selbst nicht kennst. Wenn du dich selbst kennst, dann vergeht es dir, über andere zu urteilen." Daher ist Selbsterkenntnis eine wichtige Voraussetzung für Toleranz. Die andere Voraussetzung ist Bildung. Wer einen größeren Horizont hat, hat normalerweise nicht so viele Vorurteile. Er weiß mehr vom Menschen und kann daher die Menschen in ihrer Verschiedenheit besser annehmen.

Wir sind oft intolerant gegenüber anderen Gruppen. Das fängt bei den Fußballvereinen an. Es ist natürlich, dass ich emotional an einen Verein gebunden bin und daher auch möchte, dass er den anderen Verein besiegt.

Aber Toleranz hat damit zu tun, dass ich den anderen Verein nicht verunglimpfe, dass ich auch fair akzeptieren kann, wenn er besser spielt und gewinnt. Leider stehen sich heute viele Fans intolerant und feindlich gegenüber. Die Frage ist, was der letzte Grund dafür ist. Jeder möchte gerne, dass sein Leben gelingt. Der Sieg des eigenen Vereins bringt uns immer in Berührung mit unserer Sehnsucht, dass unser Leben gelingt, dass wir nicht ewige Verlierer sind. Aber ich muss immer wissen, dass Sieg *und* Niederlage zu meinem Leben gehören. Ich werde nicht immer gewinnen. Ich werde auch Niederlagen einstecken. Das gilt für das persönliche Leben, und das gilt auch für den Fußballverein. Wer aber Angst hat vor dem Leben mit seinem Auf und Ab, der muss den anderen Verein bekämpfen. Für den ist der andere eine Bedrohung. Er erinnert ihn an seine Angst, im Leben zu versagen und ein Verlierer zu sein.

Jeder von uns hat Vorurteile. Wenn wir einem anderen Menschen begegnen, dann ordnen wir ihn in irgendeine Schublade ein, an die er uns erinnert. Wir können Vorurteile nicht vermeiden. Aber es ist unsere Aufgabe, sie aufzulösen und den anderen bewusst einmal ohne Vorurteil anzuschauen. Was nehme ich im anderen wirklich wahr? Nur so kann ich dem anderen begegnen, wie er ist. Die Philosophie fordert uns auf, vom Vorurteil zum Urteil zu gelangen. Ein Vorurteil ist immer blind. Es ist unsere Aufgabe, das Vorurteil loszulassen und uns ein Urteil über den anderen zu bilden. Allerdings sollen wir ihn auch auf unser Urteil nicht festlegen. Urteil meint hier: Ich äußere meine

Ansicht. Ich versuche mein Gegenüber vorurteilslos anzuschauen und bringe meine Sichtweise ins Wort, ohne den anderen darauf festlegen zu wollen. Das ist die Voraussetzung von Toleranz.

Treu

Heute tun wir uns schwer mit den Begriff der Treue. Während des Dritten Reiches wurde die Treue zum Führer missbraucht. Aber auch in der Ehe haben wir heute Angst, von Treue zu sprechen. Wir meinen, die Liebe sei ein Wachstumsprozess. Da dürfe man sich nicht festlegen. Ist Treue deswegen altmodisch und unzeitgemäß? Oder gar unwesentlich?

Der Philosoph Otto Friedrich Bollnow sagt uns, dass die Treue zum Wesen des Menschen gehört. Der Mensch sagt Ja zu sich selbst, indem er sich selbst treu bleibt. Und indem er einem anderen Treue verspricht, gewinnt er sein wahres Selbst. Er bekennt damit, dass in ihm etwas ist, das die Zufälligkeit und Unverbindlichkeit des Lebens übersteigt, etwas, auf das er und auf das sich andere verlassen können. Eine solche Haltung hat mit Festigkeit zu tun. Das deutsche Wort „treu" meint eigentlich: fest wie ein Baum sein. Damit sind Zuverlässigkeit und Vertrauen angesprochen. Jemand, der treu ist, steht fest. An ihn kann ich mich anlehnen. Zu ihm kann ich immer zurückkehren. Er ruht in sich.

Bollnow meint: Treue ist immer Du-Treue. Ich verspreche nicht ein Verhalten. Denn das kann ich nicht garantieren. Ich verspreche mich selbst dem anderen, etwa in der Ehe. Ich verspreche, dem anderen gegenüber treu zu sein. Manche meinen, wir könnten keine Treue versprechen, wir müssten uns jeden Augenblick neu entscheiden. Doch Bollnow sagt zu Recht, dass die Treue mich als Person in einer guten Weise festlegt. Sie zeigt mir, dass ich über den gegenwärtigen Augenblick hinausreiche. In mir gibt es eine innere Kontinuität. Bei allen Wandlungen gibt es in uns doch auch etwas Gleichbleibendes, etwas, auf das ich mich selbst und auf das sich der andere, dem ich Treue verspreche, verlassen kann.

Wenn ich einem Menschen Treue verspreche, dann meine ich letztlich immer eine ewige Treue. Es ist nie nur eine Treue auf Zeit. Natürlich weiß ich, dass diese Treue auch scheitern kann. Aber die Absicht der Treue gibt dem Scheitern seinen Ernst. Sie bewahrt mich davor, bei jedem Konflikt gleich davonzulaufen. Ich binde mich an einen Menschen, um mit ihm den gemeinsamen Weg zu gehen.

Wir sprechen von Treue aber nicht nur in der Ehe, sondern auch in der Freundschaft oder in geschäftlichen Beziehungen. Der Bäcker ist dankbar, wenn ein Kunde ihm die Treue hält und nicht gleich die Bäckerei wechselt, nur weil es dort billigere Brötchen gibt. Wir sprechen von Treue, wenn einer uns immer wieder schreibt. Er lässt sich auch durch unser Schweigen nicht davon abhalten, die Freundschaft aufrechtzuerhalten, ohne sie uns aufzudrängen. Die Treue ist ein Wesensmerkmal der Freundschaft. Der treue Freund steht dem Freund immer zur Seite, gerade auch in Zeiten der Not und inneren Krise. Im biblischen Weisheitsbuch Jesus Sirach heißt es: „Ein treuer Freund ist wie ein festes Zelt; wer einen solchen findet, hat einen Schatz gefunden. Für einen treuen Freund gibt es keinen Preis, nichts wiegt seinen Wert auf" (Sir 6,14f). Der treue Freund ist wie ein schützendes Zelt, das sich über mir wölbt. In diesem Zelt kann ich daheim sein. Da bin ich geborgen, geschützt vor der stechenden Sonne und der nächtlichen Kälte. Auf einen treuen Freund kann man sich verlassen. „Ein guter Freund kämpft mit dem Feind, er hält den Schild gegen den Widersacher" (Sir 37,5). Ob einer mein Freund ist, das erfahre ich, wenn ich von anderen angegriffen oder fallen gelassen werde. Der Freund lässt mich nicht fallen. Er lässt sich durch Verleumdungen meiner Person nicht davon abhalten, zu mir zu stehen. Er wird sich wie ein schützender Schild vor mich hinstellen.

Und es gibt die Treue mir selbst gegenüber. Diese Treue ist keine Prinzipientreue. Denn Treue ist immer Du-Treue, auch mir selbst gegenüber. Ich bleibe mir selbst, meinem Wesen treu. Das kann sich manchmal auch in der Treue zu meinen Überzeugungen ausdrücken. Aber es meint mehr, dass ich mir als Person gegenüber treu bleibe. Heute sind wir in Gefahr, uns ständig nach den Erwartungen der anderen zu richten. Die Medien halten uns immer neue Bilder vom Menschen vor Augen. Viele wechseln von einem Bild der Ichfindung und Selbstwerdung zum anderen und gelangen nie zu ihrem wahren Selbst. Wer sich selbst treu ist, der findet innere Ruhe. Er muss sich nicht ständig beweisen, dass er modern ist, dass er sich nach der Zeit richtet und im aktuellen Trend mitschwimmt. Treue sich selbst gegenüber schafft mitten in der Unruhe unserer Zeit eine wohltuende Festigkeit, einen Halt in der Haltlosigkeit.

Treue gibt es aber nicht nur Menschen, sondern auch Gott gegenüber. Die Bibel spricht davon, dass Gott uns gegenüber treu ist und seinen Bund in Treue einhält. Der 2. Timotheusbrief meint, dass Christus uns mit seiner Treue uns gegenüber unsere Treue ermöglicht: „Wenn wir untreu sind, bleibt er doch treu, denn er kann sich selbst nicht verleugnen“ (2 Tim 2,13). Jesus preist in einem Gleichnis den treuen Diener selig: „Wer ist denn der treue und kluge Verwalter, den der Herr einsetzen wird, damit er seinem Gesinde zur rechten Zeit die Nahrung zuteilt? Selig der Knecht, den der Herr damit beschäftigt findet, wenn er kommt“ (Lk 12,42f). Es geht darum, treu zu erfüllen, was Gott von mir erwartet. Aber es gibt auch Gott gegenüber die personale Treue: Ich halte an ihm fest, auch wenn ich ihn gerade nicht erfahre. Ich lasse mich nicht so leicht von Gott wegbringen. Ich ringe mit ihm. Ich gebe die Treue nicht auf, auch wenn Gott sich mir entzieht.

Uns täte heute das Lob der Treue, wie es die Philosophen und Theologen seit jeher gesungen haben, auf neue Weise gut. Denn wir tun uns schwer mit Verbindlichkeit, mit Festlegung. Wir wollen alle Türen offen halten. Doch das Leben gelingt nur, wenn wir uns für das Leben entscheiden. So hat Treue immer auch mit Entscheidung zu tun, mit meiner Freiheit also. Ich entscheide mich für das Leben, für eine bestimmte und begrenzte Weise des Lebens, um gerade in der Treue und in der Verbindlichkeit eine innere Weite zu erfahren.

Verbunden

Heute leben wir auf der einen Seite individualistisch. Jeder ist auf seine eigene Freiheit bedacht. Jeder möchte sein eigenes Leben leben, ohne sich ständig anderen gegenüber verpflichtet zu fühlen. Jeder lebt für sich allein. Auf der anderen Seite gibt es die ständige Verbindung per Facebook und Twitter. Man ist ständig online mit vielen Menschen auf der ganzen Welt verbunden. Das ständige Bestreben, mit vielen Menschen per Internet verbunden zu sein, ist offensichtlich eine Reaktion der menschlichen Seele auf den übertriebenen Individualismus. Allerdings führt diese virtuelle Verbundenheit oft nicht zu einer emotionalen Verbundenheit. Doch ich möchte dieses Phänomen der virtuellen Verbundenheit nicht bewerten. Junge Menschen erzählten mir, dass es ihnen durchaus ein Gefühl der Verbundenheit vermittelt. Als ich bei den Hongkonger Demonstrationen mit Studenten sprach, die ständig alles auf ihr Handy aufnahmen, was ich sagte, und Bilder von mir per Facebook in alle Welt verbreiteten, da spürte ich durchaus eine Solidarität unter Studenten vieler Länder. Diese jungen Menschen, die bei ihrer Demonstration eine friedliche Atmosphäre der Verbundenheit vermittelten, haben ihre Verbindung über die neuen Medien auf eine Weise gelebt, die mir fremd ist, die ich aber auch mit Respekt wahrnehme.

Doch in Verbundenheit zu leben meint für mich noch etwas anderes, als ständig online mit vielen Menschen in Kontakt zu sein. Verbundenheit meint, dass ich nicht isoliert bin in dieser Welt. Ich lebe in Verbindung mit der Natur. Ich spüre die innere Verbindung mit ihr. Mein Leib ist auch Teil der Natur. Ich ziehe aus der Natur meine Lebenskraft. Ich atme die Luft ein, die mich umgibt. Ich nähre mich von dem, was die Natur mir spendet. Ich begegne in der Natur dem Leben, das auch in mir ist. Wenn ich durch die Natur gehe, fühle ich mich mit ihr verbunden. Das Gefühl der Verbundenheit lässt mich achtsam mit der Natur umgehen.

In Verbundenheit leben meint auch, mit allen Menschen verbunden zu sein. Das bedeutet aber nicht nur die virtuelle Verbundenheit, die heute die jungen Menschen uns auf neue Weise vorleben und in vielen technischen Möglichkeiten auf ganz selbstverständliche Weise praktizieren, sondern eine innere Verbundenheit. Wenn ich im Chorgebet die Psalmen bete, fühle ich mich auch mit allen Menschen verbunden. Ich leihe gleichsam den Menschen, die innerlich verstummt sind, die mit Gott nichts mehr anfangen können oder denen Gott entschwunden ist, meinen Mund, um ihre Nöte und ihre Verzweiflung vor Gott zum Ausdruck zu bringen. Ich fühle mich im Gebet mit allen Menschen auf der Erde verbunden. Aber diese Verbindung schließt die Verbindung mit Gott ein. In Gott fühle ich mich eins mit allen Menschen. Das hat Evagrius Ponticus, ein Mönchsschriftsteller aus dem 4. Jahrhundert, so ausgedrückt: „Ein Mönch ist ein Mensch, der sich von allem getrennt hat und sich doch mit allem verbunden fühlt. Ein Mönch weiß sich eins mit allen Menschen, denn immerzu findet er sich in jedem Menschen" (Über das Gebet 124 und 125). Im Gebet weiß sich der Mönch mit der ganzen Schöpfung eins und zugleich mit allen Menschen. Indem er sich selbst anschaut, erkennt er sich auch in jedem Menschen. Das, was er in sich entdeckt, ist auch in jedem Menschen. Und in jedem Menschen sieht er einen Spiegel, in dem er das eigene Antlitz genauer anschauen und die Tiefen seiner Seele erforschen kann.

Diese innere Verbundenheit mit allen Menschen ist nicht nur eine Haltung, die unser Leben bereichert. Sie schenkt gerade auch den allein lebenden Menschen ein Gefühl von Geborgenheit. Viele leiden heute unter ihrer Einsamkeit. Sie fühlen sich isoliert und alleingelassen. Aber wenn sie durch die Traurigkeit, allein zu sein, hindurchgehen in den Grund ihrer Seele, können sie sich auf einmal mit allem eins fühlen, mit der ganzen Schöpfung, mit allen Menschen und letztlich auch mit sich selbst und mit Gott. Dieses Gefühl, mit allem verbunden zu sein und nicht unverbindlich und bindungslos allein zu sein, tut uns gut. Es verwandelt unsere Einsamkeit in Einssein. Wir fühlen uns getragen von allen Menschen. Es ist eine Verbundenheit mitten in der Einsamkeit und Stille. Ich bin nicht durch Facebook mit anderen verbunden, sondern tief in meiner Seele. Und diese Erfahrung der inneren Verbundenheit zeigt mir das Wesen meines Menschseins. Der Mensch ist ein *animal sociale*, ein durch und durch soziales Wesen. Er verwirklicht sein Menschsein in Gemeinschaft mit anderen. Auf der einen Seite muss er freilich seinen ganz persönlichen Weg finden. Doch diesen Weg erfährt er andererseits nur als sinnvoll, wenn er sich zugleich verbunden fühlt mit den Menschen um sich herum und mit Gott. Sonst wird sein persönlicher Weg leicht unverbindlich. Gerade in der Verbundenheit mit den Menschen zu leben macht mein Leben reich. Und ich erfahre Glück auch in der Freude dieser tiefen Verbundenheit.

Vergebend

Bei vielen, die das Wort „Vergebung" hören, regt sich Widerstand. Manche sagen: „Der andere hat mich so tief verletzt. Das kann ich ihm nie verzeihen." Andere haben den Eindruck, als gute Menschen müssten sie immer nachgeben und das böse Verhalten der anderen ständig entschuldigen. Man wehrt sich gegen Vergebung als eine passive Haltung. Dieser Widerstand ist berechtigt, wenn Vergebung tatsächlich als etwas Passives verstanden wird. Doch Vergeben ist etwas anderes: ein aktives Sich-Befreien von der Bindung an den, der mich verletzt hat. Wenn ich nicht vergeben kann, dann hat der andere immer noch Macht über mich, dann bestimmt er meine Stimmung.

Die Psychologie hat die Vergebung heute neu entdeckt als einen therapeutischen Akt. Doch damit Vergebung heilsam ist für uns Menschen, müssen wir sie richtig verstehen. Für mich hat Vergebung fünf Schritte.

Der erste Schritt: Ich nehme meinen Schmerz wahr. Ich übergehe den Schmerz nicht, indem ich den anderen entschuldige: „Er kann ja nichts dafür." Ganz gleich, ob die Verletzung bewusst oder unbewusst war, mir hat sie wehgetan. Und ich spüre jetzt noch den Schmerz.

Der zweite Schritt: Ich lasse die Wut zu. Die Wut ist die Kraft, den, der mich verletzt hat, aus mir herauszuwerfen. Ich brauche zuerst Distanz zu ihm. Nur dann kann ich in Freiheit vergeben. Solange die verletzenden Worte des anderen in mir bleiben, kann ich nicht vergeben. Ich kann die Wut verwandeln in Ehrgeiz: „Ich kann auch ohne ihn leben. Ich bin nicht davon abhängig, ob er mich gut behandelt oder nicht. Ich habe meine Würde in mir. Ich setze meinen Ehrgeiz darein, selber gut zu leben."

Der dritte Schritt ist dann: objektiv zu erkunden, was eigentlich geschehen ist. Dann versuche ich, das Geschehen der Verletzung wahrzunehmen und zu verstehen. Jetzt helfen solche Überlegungen wie: Hat der andere nur seine eigene Verletzung weitergegeben? Bin ich gar nicht gemeint? Hat er *mir* etwas heimgezahlt, obwohl das einem ganz anderen galt? Oder hat er meine empfindliche Seite getroffen? Hat in mir mein verletztes Kind aufgeschrien, weil er eine alte Wunde in mir berührt hat? Dieser Schritt ist wichtig, um mich selbst und den anderen zu verstehen. Nur wenn ich mich selbst verstehe, kann ich zu mir stehen. Sonst mache ich mir immer Vorwürfe, dass ich so empfindlich reagiere.

Der vierte Schritt ist dann die eigentliche Vergebung. Ich befreie mich von der Bindung an den, der mich verletzt hat. Ich lasse die Verletzung bei ihm. Ich entschuldige sie nicht. Aber ich komme wieder zu mir selbst und lasse den anderen dort stehen, wo er steht. Vergeben heißt: weggeben, die Verletzung dem anderen zurückgeben, nicht zurückzahlen, sondern ihm in seine Hände geben. Es ist seine Sache. Ich habe mich davon frei gemacht. Vergebung bedeutet auch, dass ich mich von der negativen Energie befreie, die durch die Verletzung in mir entstanden ist. Sie ist also eine Art Selbsttherapie. Die Vergebung bedeutet nicht, dass ich dem anderen gleich um den Hals falle. Ich höre vielmehr auf mich: Wie soll ich die Beziehung zu ihm gestalten? Kann ich wieder ganz normal mit ihm umgehen? Und sogar ein Fest der Versöhnung feiern? Oder sagt mir mein Herz, dass ich noch Abstand brauche?

Der fünfte Schritt: Erst dann, wenn ich die Verletzung als Chance sehe, in mir neue Möglichkeiten aufblühen zu lassen, fühle ich mich durch die Verletzung nicht benachteiligt. Ich integriere sie in mein Leben. Ich sehe, dass sie mich herausgefordert hat, zu wachsen und neue Fähigkeiten in mir zu entwickeln.

Vergebung meint nicht nur, dass ich anderen Menschen vergebe, die an mir schuldig geworden sind. Für Christen ist die Vergebung durch Gott der Grund des Lebens. Denn wir selbst tun uns oft schwer, uns unsere eigenen Fehler zu vergeben. Da brauchen wir die Erfahrung, dass Gott uns immer wieder vergibt. Jesus hat uns im Gleichnis vom verlorenen Sohn ein Bild der Vergebung gemalt. Wenn wir uns das vor Augen halten, wächst in uns das Vertrauen, dass der barmherzige Vater auch uns vergibt. Der Evangelist Lukas zeichnet uns ein Bild Jesu am Kreuz, das die inneren Widerstände unserer Seele gegen die Vergebung auflöst: Jesus vergibt selbst seinen Mördern am Kreuz: „Vater, vergib ihnen, denn sie wissen nicht, was sie tun“ (Lk 23,34). Wenn Jesus selbst seinen Mördern vergibt, dürfen wir vertrauen, dass es nichts in uns gibt, was Gott nicht vergibt. Die Vergebung durch Gott befähigt uns, uns selbst anzunehmen und uns selbst zu vergeben. Vergebung – so sagt der evangelische Theologe Paul Tillich – ist die Annahme des Unannehmbaren. Viele Menschen empfinden sich als unannehmbar, vor allem dann, wenn sie schuldig geworden sind. Die Erfahrung der Vergebung lädt uns ein, uns selbst zu vergeben. Und das ist nicht so leicht. Ich kenne viele Menschen, die an die Vergebung Gottes glauben, aber sich selbst nicht vergeben können, dass sie einen Fehler gemacht haben. Vor allem dann fällt es ihnen schwer, wenn dieser Fehler öffentlich war und sie nun von anderen beschuldigt und beschimpft werden. Es braucht dann immer wieder das Meditieren des vergebenden Gottes, wie er uns am Kreuz Jesu und in seinen Gleichnissen vom verlorenen Sohn und vom ungerechten Verwalter aufscheint, um uns selbst vergeben zu können.

Verzichtend

In einer Überflussgesellschaft ist vielen Menschen das Verzichten abhanden gekommen. Sie werden im Supermarkt mit so vielen günstigen Angeboten überschüttet, dass es ihnen schwer fällt, zu verzichten. Und doch weiß jeder, der in einen Supermarkt geht, dass er nur dann zufrieden wieder herausgehen wird, wenn er auch einmal auf ein Angebot verzichten kann. Früher war die Fastenzeit eine Zeit, in der auch das öffentliche Angebot davon geprägt war. Da gab es in dieser Zeit dann keine Schokolade zu kaufen. Doch das ist längst vorbei. Zu jeder Zeit kann ich alles haben, wonach mir verlangt. Und ich kann auch das haben, was ich aus eigenem Willen gar nicht konsumieren würde, was ich aber jetzt unbedingt haben muss, weil es mir so ins Auge springt.

Das deutsche Wort „Verzichten" kommt ursprünglich aus der Rechtssprache: Ich verzichte auf einen Rechtsanspruch. Noch heute wird es oft juristisch gebraucht: Der Verurteilte verzichtet etwa auf eine Revision des Urteils. Das Wort hat die Wurzel „zeihen", und die hängt wiederum mit „zeigen" zusammen: Ich zeige jemanden an. Ich weise auf einen Schuldigen hin. Ich zeige mit dem Finger auf ihn. Wenn ich verzeihe, verzichte ich auf dieses Anklagen. Ich verzichte darauf, über ihn etwas zu sagen.

Wir versagen uns etwas, wir hören auf, über den anderen etwas zu sagen. Doch das hat dann im Deutschen die Bedeutung angenommen: Ich versage mir etwas, was mir eigentlich zusteht. Ich verzichte auf etwas, das ich mir leisten könnte.

Wir verwenden heute das Wort „Verzicht“ vor allem im asketischen Sinn: Ich verzichte auf Fleisch, auf Alkohol. In der Fastenzeit verzichten wir auf manche Annehmlichkeit im Essen und Trinken, aber auch auf Fernsehen oder große Feiern. Verzichten hat für viele einen negativen Klang. Ich muss auf etwas verzichten, was mir das Leben angenehmer machen würde. Doch zugleich steckt im Verzichten auch ein Stolz: Ich kann darauf verzichten. Ich habe es nicht nötig, jetzt dies oder jenes zu tun oder mir dies oder jenes zu gönnen. Sigmund Freud, der Begründer der Psychoanalyse, sieht im Verzichten durchaus etwas Positives. Zur menschlichen Entwicklung gehöre es, verzichten zu können. Der Mensch kann nicht immer im mütterlichen Bereich bleiben und sich versorgen lassen. Erwachsen werden heißt immer auch: verzichten, auf Geborgenheit, auf Pflege, auf Nahrung verzichten. Freuds Überzeugung lautet: Wer nicht verzichten kann, wird nie ein starkes Ich entwickeln. Er ist einfach nur seinen Bedürfnissen ausgeliefert. Das Kind schreit, wenn sein Bedürfnis nach Hunger nicht befriedigt wird. Zum Erwachsenwerden gehört es, dass wir nicht jedes Bedürfnis befriedigen. Wir spüren das Bedürfnis nach Essen oder Trinken, nach Schlaf oder Ausruhen. Aber wir können in gewissem Maße darauf verzichten, diesem Bedürfnis immer nachzugeben.

Der Verzicht hat nur einen Sinn, wenn wir um etwas Höheren willen verzichten. Ich verzichte auf Essen, um innerlich frei zu werden. Manchmal werden wir auch von unseren inneren Ansprüchen gedrängt, zu verzichten. Wir verzichten auf das Stück Torte, weil wir auf unsere Figur oder unser Gewicht achten. Wir wollen nicht ständig zunehmen. Um unser Gewicht zu halten, braucht es den Verzicht auf bestimmte Bedürfnisse. So ist der Verzicht auch in der Askese immer verstanden worden. Der Mönch verzichtet auf die Ehe, um sich intensiver auf die Suche nach Gott zu machen und um Zeit zu haben für das Gebet. Der Wissenschaftler verzichtet auf manches Vergnügen, um Zeit für die Forschung zu haben. Er hat sich leidenschaftlich der Forschung verschrieben. Das verlangt einen entsprechenden Lebensstil, der in anderer Hinsicht bewusst Einschränkungen in Kauf nimmt.

Wer verzichten kann, den empfinden wir als einen freien Menschen. Er ist nicht der Bedürfnisbefriedigung ausgeliefert. Aber er ist frei, Ja oder Nein zu sagen. Aber es gibt auch Menschen, die sich nichts gönnen. Für sie ist der Verzicht ein innerer Zwang geworden. Sie haben sich so mit dem Verzichten identifiziert, dass sie gar nicht fähig sind, etwas zu genießen. Sie können keine Torte genießen, weil sie sofort ein schlechtes Gewissen haben. Oder sie können sich keinen Spaziergang gönnen, weil sich sofort die innere Stimme zu Wort meldet: Du solltest eigentlich etwas erledigen. Es gibt so viel zu tun. Es gibt so viele Menschen, die deine Hilfe brauchen. Warum bist du so faul? Oder warum denkst du nur an dich? Das ist doch egoistisch. Wer aber ständig ein schlechtes Gewissen hat, wenn er sich etwas gönnt, der verliert seine Freiheit und seine Lebendigkeit. Wir sagen nicht umsonst: Wer nichts genießen kann, wird ungenießbar. Wenn das Verzichten absolut gesetzt wird, führt es zur Lebensverneinung und zur Erstarrung. Und irgendwie werden sich die Bedürfnisse auf andere Weise zu Wort melden. Ich habe einen Mann begleitet, der persönlich sehr anspruchslos lebte, der sich nichts gönnte. Er hat einen hilfsbedürftigen Menschen mit allem unterstützt, was er hatte. Aber er war so darauf fixiert, diesen Menschen zu unterstützen, dass er seine Verwandten drängte, ihm Geld zu leihen, damit er diesem Menschen helfen konnte. Und er hat nicht gemerkt, dass er von dem, dem er helfen wollte, ausgenutzt wurde. Hinter seiner persönlichen Anspruchslosigkeit meldete sich ein anderes Bedürfnis zu Wort: das Bedürfnis, von einem Menschen anerkannt und geliebt zu werden. Als ihm Freunde sagten, er lasse sich ausnutzen, denn die ständigen Ansprüche des Hilfsbedürftigen seien übertrieben, da regte sich in ihm das Bedürfnis, recht zu haben. Er verteidigte sein Verhalten. Doch er war blind für seine eigenen Bedürfnisse und ließ sich immer mehr ausnutzen, bis er schließlich nicht mehr konnte.

Jesus war nicht der typische Asket. Er unterscheidet sich von Johannes. Jesus sagt von Johannes: „Johannes ist gekommen, er isst nicht und trinkt nicht, und sie sagen: Er ist von einem Dämon besessen. Der Menschensohn ist gekommen, er isst und trinkt; darauf sagen sie: Dieser Fresser und Weintrinker, dieser Freund der Zöllner und Sünder!“ (Mt 11,18f). Beide verunsichern die Pharisäer. Johannes fordert sie mit seinem Verzicht heraus, ihren eigenen bequemen Lebensstil infrage zu stellen. Doch weil sie sich nicht infrage stellen lassen wollen, dämonisieren sie das Verzichten des Johannes, erklären es für krankhaft. Jesus stellt die Pharisäer infrage, indem er sich den Zöllnern und Sündern zuwendet. Er lässt sich von ihnen zum Mahl einladen. Und beim Mahl ist er nicht der Spielverderber, sondern isst und trinkt mit den Zöllnern. Er genießt das, was ihm vorgesetzt wird. Er tut das, um ihnen die Frohe Botschaft vom barmherzigen Gott zu verkünden. Er begründet sein Verhalten mit den Worten: „Nicht die Gesunden brauchen den Arzt, sondern die Kranken. Darum lernt, was es heißt: Barmherzigkeit will ich, nicht Opfer. Denn ich bin gekommen, um die Sünder zu rufen, nicht die Gerechten“ (Mt 9,12f). In der Reaktion der Pharisäer können wir uns selbst wiedererkennen. Wenn ein Mensch in unserer Nähe viel verzichtet, dann sind wir schnell bereit, das zu pathologisieren: „Der kann sich nichts gönnen. Der ist krank. Der hat nie gelernt, das Leben zu genießen.“ Und wenn ein Mensch das Leben genießt, sagen wir: „Der kann sich nicht beherrschen. Der hat gut reden. Er lässt es sich gut gehen.“ In solcher Reaktion erkennen wir, dass unser eigenes Verhältnis zum Genießen und Verzichten ambivalent ist. Es ist eine ständige Herausforderung für uns, das richtige Verhältnis zwischen Verzichten und Genießen zu finden. Wir sollten es für uns herausfinden. Und darauf verzichten, die anderen zu bewerten.

Weise

Heute bewundern wir Menschen, die viel wissen. Die Wissenschaftler sind gefragt. Früher hat man den weisen Menschen geachtet, also nicht den, der viel gewusst hat, sondern den, der tiefer gesehen hat. Man suchte den Rat weiser Menschen, vor allem alter Menschen, die in ihrem Leben viel gesehen und durch das viele Sehen auch tiefer in das Geheimnis des Lebens geschaut haben. Wir sprechen auch in der aktuellen Politik von den „fünf Weisen" und meinen damit einen Rat aus Volkswirtschaftlern, die die ökonomischen Zusammenhänge der Welt erforschen und daraus Ratschläge erarbeiten, wie die Politik auf die wirtschaftliche Situation reagieren soll. Diese Weisen entsprechen jedoch weder von ihrer Aufgabe noch von ihrem Typus her dem Bild des Weisen, das uns die Bibel oder die antike Philosophie vor Augen führt.

Weisheit zielt nicht auf Vielwissen, sondern auf die Einsicht in die letzten Gründe des Daseins. „Weise" kommt von „wissen" und „wissen" von „sehen". Der Weise ist also der, der viel gesehen hat, der in die Abgründe des Lebens geschaut hat, der durchblickt, der das Wesen der Dinge erschaut. Als weise gilt der Mensch, der die Dinge in ihrem Zueinander erkennt, der die Zusammenhänge durchschaut, der sieht, wie alles miteinander im Tiefsten verbunden ist.

Da die Weisheit durch einen langen Prozess erworben werden muss, verbindet man Weisheit mit einem gewissen Alter. Der Weise hat ein Gespür für das Eigentliche. Er kennt die letzten Urgründe des Lebens. Er hat Einblick in das Geheimnis Gottes und des Menschen. Die Griechen haben die Weisheit immer mit Gott verbunden. Athene und Apollon galten als die Götter, die dem Menschen Weisheit schenken.

Das griechische Wort für Weisheit ist „sophia". In der griechischen Philosophie gab es eine Richtung der Sophisten. Sie beanspruchten für sich, die Weisheit der Welt zu besitzen. Doch sie verstanden Weisheit vor allem als geschicktes Reden. Sie sind Vorläufer der heute so weit verbreiteten Haltung, die Wissen als Besitz versteht. Das Wissen kann ich abrufen. Wissen ist Macht. Dagegen protestiert Sokrates. Für ihn besteht die wahre Weisheit darin, zu wissen, dass ich nichts weiß. Sein Schüler Platon sieht Weisheit darin, den Urgrund aller Dinge zu sehen, das Wesen der Dinge zu erkennen. Der Weise erkennt das Sein selbst. Und das Sein ist für Platon das Gute und das Schöne. Der Weise ist daher vertraut mit dem Guten und dem Schönen. Weisheit heißt für Platon, die Dinge zu lassen, wie sie sind, das Sein zu bewundern, ohne es in Besitz zu nehmen.

Im Lateinischen heißt Weisheit „sapientia". Das Wort kommt von „sapere", das „schmecken" und „kosten" bedeutet. Der Weise hat einen guten Geschmack für das Wesentliche entwickelt. Er hat einen Geschmack für das Gute und Schöne, für das, was dem Menschen wahrhaft guttut. Er kennt auch den Geschmack des Bösen. Für die Kirchenväter hat das Böse immer einen üblen und bitteren Geschmack. Der Weise kann den Geschmack des Guten und Bösen unterscheiden. Er meidet den bitteren Geschmack der Bosheit. Weise ist für die Römer vor allem der, der sich selbst schmecken kann, der im Einklang steht mit sich selbst, der gut mit sich selbst umgeht. Der Weise nimmt sich an, wie er ist. Er schaut mit einem milden Blick auf sich und die Abgründe seiner Seele. Das verleiht ihm auch für andere Menschen einen angenehmen Geschmack. Wenn ich mit einem weisen Menschen spreche, hinterlässt das Gespräch einen angenehmen Nachgeschmack, während das Gespräch mit einem Toren einen bitteren oder faden Beigeschmack bewirkt.

Die Bibel kennt die Weisheitsbücher. In ihnen sammelt sie die Weisheit aller Völker, der Ägypter, Griechen, Perser, Römer und Juden. Die Weisheit drückt sich vor allem in Sprichwörtern aus. Die tiefste Einsicht des jüdischen Weisen besteht in dem Satz: „Anfang der Weisheit ist die Gottesfurcht, die Kenntnis des Heiligen ist Einsicht" (Spr 9,10). Weisheit besteht darin, sich von Gott treffen zu lassen, Gott ernst zu nehmen. Der Weise weiß um die Erhabenheit und Andersartigkeit Gottes, um seine Größe und Heiligkeit. Er beugt sich vor dem Geheimnis Gottes. Er weiß, dass er die Abgründe des Lebens nicht mit reinem Wissen ergründen kann, sondern dass er sich meditativ in sie versenken und sie anerkennen und sich in die unbegreiflichen Pläne Gottes ergeben muss.

Im Neuen Testament sieht Lukas Jesus als den Lehrer der Weisheit. Er ist mehr als Salomo. Er konzentriert in sich die Weisheit des Westens und des Ostens. In seiner Verkündigung vermittelt Jesus die Weisheit seiner eigenen Gotteserfahrung durch Sprichwörter und durch Gleichnisse. In den Gleichnissen öffnet er uns die Augen für das Eigentliche, für das Wesen der Dinge. Die Weisheit besteht für Jesus im Verständnis der Welt, in einem neuen Selbstverständnis des Menschen und in einem Wissen um das Geheimnis Gottes. Paulus hat die wahre Weisheit im Kreuz Jesu Christi entdeckt. Am Kreuz hat Jesus die tiefste Erfahrung seines Lebens gemacht. Er hat erfahren, dass der Tod in neues Leben verwandelt wird, dass die Dunkelheit erleuchtet und die Verlassenheit zur Gemeinschaft mit Gott wird. Am Kreuz hat Jesus geschmeckt, was Leben und Tod ist. Die Weisheit, die Jesus verkörpert, durchkreuzt immer wieder unser Wissen vom Leben. Sie führt uns ein in das eigentliche Geheimnis menschlichen Seins.

Wertschätzend

Jede Firma, die heute etwas auf sich hält, schreibt in ihr Leitbild, dass es ihr darum geht, den Mitarbeitern Wertschätzung entgegenzubringen und auch den Kunden wertschätzend zu begegnen. Manchmal hat man aber den Eindruck, dass man ständig von Wertschätzung sprechen muss, weil in der Realität der Wert des einzelnen Mitarbeiters zu wenig geschätzt wird. Viele Angestellte beklagen sich bei mir, dass sie vom Chef kaum gesehen werden, dass sie nur zu funktionieren haben. Sie als Menschen mit ihrer eigenen Würde werden kaum wahrenommen. Es ist immer so: Wenn ein Wert verloren gegangen ist oder verloren zu gehen droht, muss man ihn besonders betonen. Wir sollten also heute immer wieder von Neuem darüber nachdenken, wie wir einander wirklich wertschätzend begegnen können.

Das deutsche Wort „wertschätzen“ ist aus zwei Wörtern zusammengesetzt: Da ist einmal der Wert. Wert hat mit Würde zu tun. Jeder Mensch hat eine unantastbare Würde. Wer um seinen eigenen Wert weiß, der kann auch den Wert des anderen akzeptieren und sich über ihn freuen. Wer jedoch sich selbst als wertlos erlebt, der muss auch sein Gegenüber abwerten oder entwerten. Er kann es nicht ertragen, dass andere Menschen einen Wert haben, während er offensichtlich keinen besitzt. Und es gibt Menschen, die alles, was sie sagen, und das, was andere sagen, sofort bewerten. Sie fällen immer ein Werturteil. Auf dem spirituellen Weg sollen wir aber lernen, nicht zu bewerten, übrigens auch unser eigenes Verhalten nicht, sondern es einfach einmal anzuschauen. Wer um seinen Wert weiß, der ist ein wertvoller Mensch. Wer andere entwertet, drückt damit aus, dass er sich selbst als wertlos fühlt.

Das Wort „schätzen" kommt von dem Wort „Schatz", das ursprünglich ein Geldstück meint und auch Besitz und Reichtum bedeuten kann. Seit dem 15. Jahrhundert ist es auch gebräuchlich, einen geliebten Menschen so zu nennen: „mein Schatz". Schätzen bedeutet ursprünglich: einen Wert veranschlagen, bewerten, beurteilen. Wir können jemand gering schätzen oder den anderen falsch einschätzen. Wir überschätzen manchmal einen Mitarbeiter – oder aber wir unterschätzen ihn. Wertschätzen meint nun: dem anderen einen Wert zuteilen, ihn als wertvoll erachten.

Wertschätzen meint also: einem anderen Menschen seinen Wert zusprechen, in ihm einen Schatz sehen, der wertvoll ist auch für andere Menschen. Indem ich den Schatz im anderen sehe, kann ich ihn auch mit Worten benennen. Damit fördere ich die wertvollen Eigenschaften des anderen. Indem ich dem anderen Wertschätzung entgegenbringe, vermag der an seinen eigenen Wert zu glauben. Er wird dann wertvoller für die anderen. Wenn ich ihn dagegen entwerte, wird er sich wertlos fühlen. Entweder muss er seinen Wert dann durch ein auffälliges Verhalten beweisen, oder aber er zieht sich zurück. Er traut sich selbst nichts zu.

Wir merken sehr schnell, ob der andere mich wertschätzt oder nicht. Ich erlebe immer wieder Frauen, die sich darüber beklagen, dass sie von dem oder jenem Mann nicht wertgeschätzt worden sind. Eine Frau hat einen Vortrag organisiert und dazu einen bekannten Redner eingeladen. Doch dieser Redner hat die Frau praktisch ignoriert. Sie war als Person für ihn gar nicht da. Er hat sie nur benutzt, damit er seinen Vortrag halten und möglichst viele Zuhörer bekommen konnte. Das Gegenteil erlebte die Frau in gleicher Funktion bei einem anderen Mann. Schon bei der Art und Weise, wie er sie begrüßte, empfand sie sich als wertgeschätzt. Sie war nicht seine Dienerin, sondern fühlte sich auf gleicher Ebene. Sie fühlte sich gesehen. Der Mann lobte ihr Organisationstalent und die Sorgfalt, mit der sie alles vorbereitet hatte. Dort, wo Wertschätzung herrscht, fühlen sich die Menschen wohl. Sie arbeiten gerne in einer Atmosphäre, in der sie in ihrem Wert gesehen werden. Wenn sie sich jedoch nur benutzt fühlen, damit eine Arbeit möglichst schnell erledigt wird, dann sinkt ihre Motivation. Und es geht ihnen als Mensch nicht gut.

Wir alle sehnen uns danach, in unserem Wert gesehen zu werden. Weil wir das von uns kennen, sollten wir darauf achten, dass wir anderen Wertschätzung entgegenbringen. Wir können den anderen nur wertschätzen, wenn wir an seinen Wert und an den Schatz, der in ihm liegt, glauben. Glauben ist die erste Bedingung der Wertschätzung. Die deutsche Sprache verbindet die drei Wörter „glauben“, „loben“ und „lieben“ durch die gleiche Wurzel „liob“ = „gut“. Glauben heißt: das Gute im anderen wahrnehmen und den guten Kern sehen. Loben heißt: das Gute im ihm benennen. Loben ist kein Trick, den anderen zu mehr Arbeit zu motivieren. Es ist vielmehr der sprachliche Ausdruck meines Glaubens. Ich spreche über das Gute, das ich im anderen sehe. Und darin erfährt der andere Wertschätzung. Lieben gehört für die deutsche Sprache zur Wertschätzung dazu. Lieben heißt eigentlich: gut umgehen mit dem anderen, ihn gut behandeln. Weil ich das Gute im anderen sehe und daran glaube, gehe ich gut mit ihm um. Ich behandle ihn gut. Ich lasse ihn nicht links liegen. Ich sorge für das, was er braucht.

Heute mahnen alle Unternehmensberater, dass die Führungskräfte ihre Mitarbeiter wertschätzen sollen. Aber Wertschätzung darf nicht zu einem Trick werden. Sie muss stimmig sein. Und das ist sie nur, wenn sie die drei Aspekte berücksichtigt: glauben, loben und lieben. Wir sehen auf den ersten Blick nie nur das Gute im anderen, sondern oft genug auch unangenehme Eigenschaften. Auch den auf den ersten Blick unangenehmen Mitarbeiter wertzuschätzen gelingt nur, wenn ich auch an das Gute in ihm glaube, wenn ich durch die unangenehme Fassade hindurchschaue und darauf vertraue, dass in ihm auch ein guter Kern ist – oder zumindest die Sehnsucht, gut zu sein. Ich schätze den anderen dann als einen Menschen, der sich noch entwickeln kann. Er ist noch nicht so gut, wie ich ihn gerne hätte. Aber ich traue ihm das Gute zu. Und indem ich das Gute benenne, ermögliche ich ihm, das Gute in sich zu entfalten und so wirklich ein wertvoller Mensch, ein Schatz für alle zu werden.

Zufrieden

Wir erkennen es am Gesicht eines Menschen, ob er zufrieden ist mit sich und seinem Leben oder ob er unzufrieden ist. Die Unzufriedenheit strahlt oft Bitterkeit und Härte, Unruhe und Rastlosigkeit aus. Von unzufriedenen Menschen halten wir uns fern. Sie tun uns nicht gut. Aber wie können wir zufrieden sein und zufrieden leben? Und was heißt es, zufrieden zu sein?

Das Wort „zufrieden“ kommt ursprünglich aus der Wendung „zu Frieden setzen“, was so viel heißt wie „zur Ruhe bringen“. Zufrieden ist also ein Mensch, der zur Ruhe gekommen ist, der zum inneren Frieden gelangt ist. Zufrieden sein meint also in erster Linie: mit sich selbst im Reinen sein, mit sich selbst in Frieden sein. Zufriedenheit ist daher kein starrer Zustand, sondern ein ständiges Streben, mit sich in Frieden zu kommen. Das bedeutet, dass ich mich immer wieder aussöhne mit dem, was ich in mir erkenne. Das deutsche Wort „Friede“ hat immer auch mit „Freiheit“ zu tun. Friede ist nur dort möglich, wo Freiheit herrscht. Wenn also in mir Ärger und Wut oder Neid aufsteigen, dann darf ich mich von diesen Gefühlen nicht beherrschen lassen. Zufrieden sein heißt: Ich erkenne an, dass diese Gefühle in mir sind. Aber ich lasse mich nicht von ihnen beherrschen. Ich bin zufrieden, weil ich diesen

Gefühlen gegenüber frei bin. Ich ärgere mich nicht, dass sie auftauchen. Ich lasse sie zu, aber ich lasse mich von ihnen nicht bestimmen.

Zufrieden sein heißt aber noch mehr: Ich bin mit mir zufrieden, so wie ich geworden bin. Ich bin zufrieden mit meinem Leben. Ich bin zufrieden, dass ich in diese Familie hineingeboren worden bin, dass mir nur dieser Weg der Ausbildung möglich war. Diese Zufriedenheit hat nichts mit Resignation zu tun. Ich habe mich vielmehr mit mir und meiner Lebensgeschichte auseinandergesetzt und mit mir und meinem Leben Frieden geschlossen. Ich bin einverstanden mit mir und meinem Schicksal. Ich vertraue darauf, dass Gott mich in diesem Leben geführt hat und dass er mich weiter führen wird.

Zufrieden sein ist aber auch eine Haltung im Alltag. Der zufriedene Mensch ist im Urlaub mit der Pension zufrieden, die er ausgesucht hat. Er verzichtet darauf, an allem herumzukritisieren. Er nimmt das Zimmer so, wie es ist. Natürlich hat man ganz bestimmte Erwartungen an das Zimmer, an seine Ausstattung, an das Bett, an die Dusche, an die Ruhe, die im Zimmer herrscht. Ich bin vielleicht nicht auf den ersten Blick zufrieden. Aber ich schließe Frieden mit dem, was ich vorfinde. Ich kann mich damit arrangieren. Es ist immer auch eine Entscheidung, zufrieden zu sein. Und wenn ich dann zufrieden bin mit meinem Zimmer, dann finde ich auch inneren Frieden. Dann kann ich mich im Urlaub gut erholen. Der unzufriedene Mensch kommt auch im Urlaub nie zur Ruhe. Er hat immer etwas auszusetzen. Wir sagen von so einem Menschen: Den kann man nie zufriedenstellen. Ich kann machen, was ich will: Er findet immer ein Haar in der Suppe.

Ich kenne alte Menschen, die mit ihrem Leben zufrieden sind. Sie haben im Alter mancherlei gesundheitliche Probleme. Aber sie jammern nicht, sondern sind zufrieden. Sie sagen: Es könnte schlechter gehen. Andere kreisen ständig um ihre Krankheiten. Sie strahlen Bitterkeit aus. Und wenn man sie besucht, hat man ein schlechtes Gewissen, dass man selber gesund ist. Man kann sich dann seiner eigenen Gesundheit gar nicht erfreuen. Von zufriedenen alten Menschen geht auch Frieden für die Umgebung aus. Zu ihnen setzt man sich gerne. Mit ihnen unterhält man sich gerne. Man lernt von ihnen, mit sich selbst in Frieden zu kommen und mit dem eigenen Leben und seinen Begrenzungen zufrieden zu sein.

Es ist unsere lebenslange Aufgabe, immer wieder zum Frieden zu kommen mit uns selbst, mit unserem Leben und mit den Dingen, die uns umgeben, mit den Umständen, in denen wir leben. Zufriedenheit ist also keine Passivität oder Resignation, etwa nach dem Motto: „Ich gebe mich halt zufrieden, weil es nichts Besseres gibt. Es hat keinen Zweck, aus meinem Leben etwas zu machen." Zufriedenheit ist ein Prozess und auch eine Entscheidung. Ich entscheide mich, mit dem zufrieden zu sein, was mir möglich ist. Das bedeutet nicht, dass ich nicht weiter strebe, dass ich mich nicht anstrenge, aus meinem Leben etwas zu machen. Ich kann nur zufrieden sein, wenn ich das, was mir möglich ist, auch getan habe, wenn ich mich immer wieder auf den Weg gemacht habe. Aber ich mache meine Zufriedenheit nicht davon abhängig, ob ich das Ziel erreicht habe, das ich mir gesetzt habe. Ich bin zufrieden, dass ich auf dem Weg so weit gegangen bin, wie es mir möglich war. Ich vergleiche mich nicht mit denen, die auf ihrem Weg weiter gekommen sind. Ich akzeptiere meine Kraft, aber auch meine Grenze. Der Unzufriedene macht sich selbst das Leben schwer: „Für die Ehrgeizigen, die sich weder mit dem Gewinn des Lebens noch mit der Schönheit der Welt zufriedengeben, liegt eine Strafe darin, dass sie sich selbst dieses Leben verbittern und die Schönheit der Welt nicht besitzen“ (Leonardo da Vinci).

Schluss

Wie wir leben – wie wir leben könnten: Das ist das Motto dieses Buches. Wir bleiben oft mit dem, was wir leben, hinter den Möglichkeiten zurück, die wir eigentlich in uns hätten. So möchte ich Sie mit diesem Buch einladen, dass Sie in sich neue Möglichkeiten des Lebens entdecken. Sie müssen nicht alle Haltungen leben. Aber vielleicht werden Sie durch manche der in diesem Buch skizzierten Haltungen angeregt, einmal eine andere Form des Lebens auszuprobieren. Die Haltungen sind keine moralischen Appelle, die Ihnen aufdrängen wollen: Nur so darfst du leben. Nur so wird dein Leben gelingen. Es gibt viele Modelle des Lebens. Die Haltungen und Lebensweisen, die ich in diesem Buch beschrieben habe, möchten Sie auf den Reichtum des Lebens verweisen, der in Ihnen angelegt ist. In den siebziger Jahren war ich oft bei Graf Dürckheim, der Jung'sche Psychologie mit der Spiritualität des Zen verbunden hat. Er meinte manchmal: Es gibt nicht nur Menschen, die ihre Schattenseiten verdrängen, sondern auch viele, die ihre Lichtseiten verdrängen. Die Weisen zu leben, die ich in diesem Buch beschrieben habe, möchten Sie einladen, Ihre Lichtseiten zuzulassen. In Ihnen sind mehr Möglichkeiten, als Sie denken. Trauen Sie sich selbst etwas zu. Aber setzen Sie sich nicht unter Leistungsdruck. Nur diejenigen Haltungen stimmen wirklich für Sie, die Sie in eine größere Lebendigkeit und Freiheit, in Frieden und Liebe hineinführen. Immer wenn eine Haltung Sie überfordert, ist es ein Zeichen, dass entweder die Haltung für Sie nicht stimmt oder dass Sie die Haltung mit einer falschen Einstellung gelebt haben.

Ich vollende dieses Buch nach meiner Rückkehr aus Hongkong. Dort habe ich im Herbst 2014 hautnah die Demonstrationen der Studenten mitbekommen. Ich war auch zweimal bei ihnen und kam mit vielen ins Gespräch. Ich war sehr beeindruckt von ihrer Lebensweise, die Freundlichkeit, Friedfertigkeit, Offenheit und Toleranz ausstrahlte. Und ich habe erfahren, dass diese Studenten mit ihrer Lebensweise, die sie bei den Demonstrationen vorlebten, die Millionenstadt Hongkong verwandelt haben. Diese Studenten haben in einer Stadt, die nur vom Geld beherrscht war und in der die Eigeninteressen immer über das Gemeinwohl gingen, eine neue Kultur des Miteinanders geschaffen. Auf einmal entstand eine große Solidarität unter den Menschen. Es wuchs Vertrauen. Ältere Menschen haben Lebensmittel eingekauft für die Studenten, haben Studenten Geld gegeben, damit sie sich etwas kaufen konnten. Solche Formen der Solidarität gab es in dieser Stadt vorher kaum. Natürlich haben die Studenten nach außen hin kaum die Chance, sich gegen die Macht Chinas durchzusetzen. Die chinesische Regierung wird versuchen, den Konflikt auszusitzen, und darauf hoffen, dass er sich von allein in ihrem Sinn auflöst. Doch das Aussitzen wird den Konflikt nicht lösen. Und die Lebensweise, die die Studenten vorgelebt haben, ist eine Wirklichkeit geworden, über die man nicht mehr hinweggehen kann. Sie haben mit ihrer Lebensweise die Stadt und die Gesellschaft verwandelt. Und diese Verwandlung ist ein Prozess, der unter der Oberfläche äußerer Gewalt und Macht weitergeht. Das Leben ist stärker als alle Reglementierung, von wem auch immer sie kommt.

So wünsche ich auch Ihnen, dass Sie durch neue Lebensweisen, zu denen Sie die Haltungen dieses Buches einladen möchten, dem Leben in sich selbst dienen und dem Leben um sich herum. Und ich wünsche Ihnen, dass sich auch in Ihnen und Ihrer Umgebung das Leben durchsetzt gegenüber allen Tendenzen, alles beim Alten zu lassen und die Keime des Lebens durch Nichtbeachtung zu ersticken. Das Leben will in Ihnen aufblühen, und es will durch Sie hindurch auch die Welt um Sie herum zum Blühen bringen. Trauen Sie dem Leben, das in Ihnen ist. Trauen Sie den Möglichkeiten, die Gott Ihnen geschenkt hat. Sie sind zu mehr fähig, als Sie denken. Und Ihre Art zu leben wird nicht nur Sie selbst, sondern auch die Welt um Sie herum verwandeln.

Literaturhinweise

Heinrich Fries, Weisheit, in: Praktisches Lexikon der Spiritualität, Freiburg 1988, 1420f

Romano Guardini, Tugenden, Würzburg 1967

Hans Jellouschek, Die Kunst als Paar zu leben, Stuttgart 1992

Gabriel Marcel, Homo viator. Philosophie der Hoffnung, Düsseldorf 1949

Josef Pieper, Das Viergespann. Klugheit – Gerechtigkeit – Tapferkeit – Maß, Freiburg 1970

Pierre Teilhard de Chardin, Lobgesang des Alls, Olten 1964.